자전거는 보는
방향으로 간다

자전거는 보는
방향으로 간다

초판 1쇄 인쇄   2025년 04월 28일
초판 1쇄 발행   2025년 05월 20일

신고번호   제313-2010-376호
등록번호   105-91-58839

지은이   김판우

발행처   보민출판사
발행인   김국환
기획   김선희
편집   현경보
디자인   김민정

ISBN   979-11-6957-335-1   03810

주소   경기도 파주시 해올로 11, 우미린더퍼스트@ 상가 2동 109호
전화   070-8615-7449
사이트   www.bominbook.com

• 가격은 뒤표지에 있으며, 파본은 구입하신 서점에서 교환해드립니다.
• 이 책은 저작권법에 의하여 보호를 받는 저작물이므로 무단 전재와 복사를 금합니다.

자전거는 보는 방향으로 간다

김판우 지음

이 책은 자전거라는 특별한 렌즈를 통해
우리 삶의 본질적 가치들을 재발견하게 만든다.

추천사

이 글은 단순한 자전거 이야기가 아닌, 세상을 바라보는 우리들의 다양한 관점에 대한 깊은 통찰을 담고 있다. 저자는 자전거라는 독특한 렌즈를 통해 세상을 바라보며, 그 과정에서 깨달은 인생의 진리들을 섬세하게 풀어내고 있다.

특히 인상 깊었던 것은 '다름'을 인정하는 과정에서 오는 내면의 성장이다. 저자는 각자가 쓰고 있는 색안경의 차이를 이해하고 존중하는 것이 진정한 소통의 시작임을 강조한다. 이는 현대 사회에서 우리가 직면하고 있는 많은 갈등과 오해를 해결할 수 있는 중요한 통찰을 제공한다.

직업의 전환기에서 보여준 저자의 용기와 결단력도 주목할 만하다. 잡곡 장사에서 자전거 대리점으로, 다시 자전거 교육자로의 변화는 단순한 직업 전환이 아닌, 삶의 가치를 찾아가는 여정이었다. 특히 타인에게 피해를 주지 않는 선택을 고수하며, 순수한 열정으로 일궈낸 성과는 많은 이들에게 귀감이 될 것이다.

저자가 자전거 교육에서 보여준 접근 방식은 매우 독특하다. 단순한 기술 전수를 넘어, 학습자의 심리적 상태를 이해하고 정서적 지원을 중시하는 그의 교육 철학은 진정한 교육의 본질을 보여준다. 두려움, 낯섦, 희망이 뒤섞인 학습자들의 마음을 읽고, 그들이 스스로 성장할 수 있도록 돕는 방식은 모든 교육자들이 참고할 만하다.

"빠르게 보다는 즐겁게! 멀리 가는 것보다는 주변을 자세히 경험하며 재미있게 오래 타기!"라는 저자의 철학은 현대 사회의 성과 지향적 문화에 대한 의미 있는 대안을 제시한다. 이는 자전거 타기를 넘어 삶의 전반적인 태도로 확장될 수 있는 귀중한 통찰이다. 현대 사회에서 진정한 소통과 이해의 의미를 고민하는 모든 이들에게 일독을 권하고 싶다.

2025년 4월

시인 **김예린**

작가의 말

　자전거 업종에서 수십 년의 세월 동안 정비를 배우고, 부품의 기능을 이해하고, 열심히 종사하다 보니 피팅(자전거를 나의 몸에 맞추는 기술)과 자전거 주행법의 중요성을 알게 되었다. 그리고 그 중요성은 자전거 주행에 관한 기술에 더 깊은 연구를 하게 되었고, 그 결과 자전거 활용법과 자전거와 사람 체형의 상호작용 관계를 이해하게 되었다.
　이러한 나의 자전거에 대한 연구와 노력으로 지식적인 내적, 기술적인 외적 성장을 이루어 냈지만 결국, 가장 우선시돼야 할 것은 잦은 사고의 대처와 예방을 위한 안전교육임을 뒤늦게 인식하였다. 마지막 배움의 단계가 안전한 이용법이라니 참으로 신기한 느낌마저 든다.

　자전거 이용 중에 가장 중요한 것은 나의 몸을 안전하게 지켜야 한다는 것을 알고 있었으나, 나는 거꾸로 걸어온 셈이다. 안전한 이용이 자전거를 재밌게 탈 수 있는 열쇠였다는 것 또한, 늦게 알게 되었다.

이 배움의 과정 속에서 나는 나의 삶과 사람들의 삶을 보았다. 각자의 방법은 다르지만 살아가는 본질이 같다는 것이 놀라웠으며, 이 교훈으로 사람들 간의 다름을 인정하고, 존중하게 되었다. 지금부터 자전거라는 색안경으로 세상을 보면서 느꼈던 우리들의 살아가는 모습을 담아보려고 한다.

2025년 4월
지은이 김판우

목차

추천사 _ 4
작가의 말 _ 6

제1장. 공통분모
01. 절망에서 _ 13
02. 희망으로 _ 45
03. 한 선생님 이야기 _ 63
04. 뒷골목 아이들 _ 81
05. 명진이 이야기 _ 93
06. 아빠! 우리는 한 달에 한 번 자장면도 안 사 먹어요 _ 104

제2장. 앵무새가 되지 말자!
01. 아이들은 어른의 거울이다 _ 117
02. 중앙선 침범(역주행)과 좌측통행은 같다 _ 124
03. 어린이날 조심히 가지고 놀아라! _ 131
04. 아이들에게서 배운다! _ 136

제3장. 주행방법으로 보는 인생

01. 온몸에 힘을 빼라 _ 143

02. 브레이크는 필요하다 _ 158

03. 두려움과 낯설음의 차이 _ 172

04. 자전거는 보는 방향으로 간다 _ 185

05. 지도가 아니라 지지를 하라! _ 192

제4장. 모든 열쇠는 나에게 있다

01. 친절한 접근이 나를 망가트리고 있다 _ 203

02. 피팅 증후근 _ 209

03. 목표보다 중요한 것은 과정이다 _ 219

04. 나만의 기어비를 찾아라! _ 224

작가 후기 _ 228

제1장
공통분모

01
절망에서

절박한 상황은 두 가지 선택권을 준다.
하나는 포기하는 것과 또 하나는 기회이다.

막연하기만 했던 시간은 누구나 있을 것이다. 나 또한 그런 시기가 있었다. 노력을 해보고 고심도 해보지만, 해결할 방안이 떠오르지 않고 현실적으로 궁핍한 그런 시기 말이다.

서울에서 직장을 다니다가 실직을 하고 전라북도 정읍으로 내려와 곤궁한 상태로 지낸 2년이라는 기간이 나에게는 멈춰 있는 시계처럼 그런 정체된 나날이었다. 분명 어제와 다른 하루지만 피부에 와닿지 않아서인지 매일 매일이 다르다는 느낌조차 없었다. 문득 문득 칭얼대는 아들을 보며 어제와 오늘이 다르다는 것을 인지할 뿐이었다.

감각이 없다는 게 이런 것인가? 피부와 눈으로는 느껴지지만, 마음의 움직임이 없어졌다는 상태를 '감각이 없다'라는 표현으로 쓰이는 것 같다. 그런 '무감각'은 2년 동안의 내 마음이다.

　모유가 부족한 아내는 자꾸만 칭얼대는 아들을 보며 불편한가, 아픈가 염려하며 지내다가 모유가 부족하다는 의사 선생님의 처방을 받고 분유를 준비하였다. 아들이 밤마다 칭얼대고 잠을 설치는 날에는 우리 부부도 조바심 가득히 밤을 설쳤었다. 의사 선생님의 처방에 안심이 되었지만, 아이에게 미안한 마음은 새롭게 우리 부부가 초보 부모임을 알려주었던 때이기도 하다.

　정읍이라는 작은 도시는 일자리 찾기가 서울보다 힘들었으며, 하루하루 날품팔이 형태로 겨우 생활비를 버는 게 전부였다. 그렇게 시골 생활에 적응해 가다 보니 서울 생활하면서 모아두었던 통장 잔고는 애벌레가 작은 구멍을 남기고 달콤한 열매 속살을 아무도 모르게 야금야금 먹어버리듯 우리의 통장 잔고도 사라져 가는 것을 우리 부부는 알아차리지 못하고 있었다.

　아니다. 사실 조금씩 잔고가 줄어드는 것을 보고 있었지만, 걱정하거나 신경 쓰는 것이 싫어서 애써 회피했는지도 모른다. 그렇게 시골 생활의 여유를 만끽하며 하루하루를 무의미하게 보내고, 다가올 미래에 대한 준비는 계속 뒤로 미뤄두었다.

　하지만 나태한 마음과 계획 없는 생활이 결국 어떤 결과를 가져오는지 모를 리 없었다. 그렇게 살아가다 보면 끝자락에 열리는 열매는 결국 쓴맛만 남긴 채 초라하게 말라버릴 것이라는 사실을 알면서도, 나는 한심하게도 그저 흘러가는 시간에 몸을 맡기고 있었다.

그러던 어느 날, 아내가 조용히 한마디를 건넸다.

"돈이 없는데, 이제 어떻게 하죠?"

그 말투에는 원망도, 책임을 묻는 듯한 기색도 없었다. 오히려 나를 믿고 있다는 확신이 담겨 있었다. 나는 순간 당황했다.

"아니, 무슨 소리 하는 거요? 아직 여윳돈이 조금은 남아 있을 텐데."

놀란 마음을 감추지 못한 채 되묻고 말았다. 솔직히 짐작은 하고 있었지만 인정하고 싶지 않았다. 내 안의 막연한 희망이 거센 파도에 부서지듯 산산조각 나는 기분이었다.

"통장에 잔액이 얼마나 남아 있기에 그런 말을 해?"

나는 다시 한번 물었다. 하지만 이미 마음속에서는 답을 알고 있었다. 단지 그 현실을 부정하고 싶었을 뿐이다.

"아이한테 들어가는 돈이 생각보다 많이 필요해요. 그리고 우리도 기본적인 생활을 하다 보니 지출을 멈출 수는 없었고 그래서…"

아내의 말이 끝나기도 전에, 나는 화가 치밀었다. 하지만 그 화는 아내를 향한 것이 아니었다. 나는 내 자신에게 화를 내고 있었다. 눈을 뜨면 보이는 현실을 애써 외면하며 회피만 했던 나 자신이 원망스러웠다. 피할 수 없는 순간까지 도망치듯 버티기만 했고, 결국 나를 믿어준 아내에게 실망을 안겨준 내 멍청함에 스스로 실망했다.

나의 어리석음과 게으름이, 나와 함께 미래를 가꾸겠다고 한 소중한 사람에게 꽃길이 아닌 가시밭길을 걷게 했다는 사실이 미안하고 부끄러운 화였다.

'진정하자… 언젠가는 마주해야 할 일이었지만, 생각보다 빨리 닥쳤구나.'

은연중에 그런 생각을 하고 있었기에 큰 충격은 아니었지만, 그래도 예상보다 빨리 그날이 왔다는 게 씁쓸했다.

"미리 말하지 그랬어?"

아내에게 건넨 말이었지만, 나를 꾸짖는 독백이었다. 걱정하거나 어떻게든 살아보자는 의지가 담긴 말이라기보다, 부끄러움과 미안함을 감추고 싶어서 내뱉은 말이었다. 그럼에도 불구하고 아내에게 고마웠다. 돈을 많이 벌지 못한다고 나무라거나 투정을 부린 적이 한 번도 없었으니.

얼마나 시간이 흘렀을까? 새벽안개처럼 차갑고 무겁게 시간이 지나갔다.

"나갔다 올게."

무작정 밖으로 나섰다. 사람은 피할 수 없는 상황에 놓이면 주변에서 자주 듣던 말과 행동을 따라가려는 경향이 있는 것 같다. 준비되지 않은 삶은 선택의 폭이 좁아지고, 그러다 보니 결국 주변 환경 속에서 문제를 해결하려는 좁은 선택지를 찾을 수밖에 없는지도 모른다.

벤저민 디즈레일리의 "환경이 인간을 만들고, 인간이 환경을 만든다"는 말처럼 결국, 내가 어떤 환경 속에서 살아가느냐가 내 미래를 결정짓는 것은 아닐까? 그래서 "주변 환경이 중요하다"는 말을 자주

하는가 보다.

나갔다 온다고 말한 뒤, 두환이에게 갔다. 나는 두환이의 어머니를 형수님이라고 부르고 있었다. 형수님은 시골 오일장을 돌며 잡곡 장사를 하고 계셨다. 그 무렵, 웰빙 바람이 불면서 매출이 점점 늘어난다고 기뻐하던 형수님이 농담 반 진담 반으로 내게 자주 했던 말이 있다.

"삼촌도 잡곡 장사 한번 해봐."

길을 알려주겠다고도 하셨다. 그런 이야기를 몇 번이고 가볍게 나눈 적이 있었다. 그때마다 "그럴까요?" 하고 웃으며 넘겼는데, 오늘은 그 말이 유독 마음에 와닿았다. 아니 절박했던 것 같다. 그래서 자세히 알아보려고 두환이를 데리고 형수님께 갈 생각이었다.

주변 환경이 나를 지배하는 순간이었다. 자주 듣고, 자주 보고, 자주 접했던 것이 어느덧 현실을 극복하는 수단이 되어가는 과정! 그 굴레를 나는 '운명'이라고 생각했다. 정확한 기억은 아니지만, 잡곡 장사를 해보는 것도 괜찮겠다는 긍정적인 생각을 하고 있었던 것 같다. 아마 익숙해지면서 거부감이 서서히 녹아버렸던 것인지도 모른다.

그날 오후, 형수님이 시장에서 돌아올 시간이 되어 두환이와 함께 형수님 댁으로 갔다. 잡곡 장사는 무거운 곡식을 다루는 일이 많아 힘을 써야 하는 순간이 잦았다. 판매하고 남은 곡식의 이물질을 제거하고 부족한 것은 보충해야 했다. 여분의 곡식은 별도로 포대에 챙겨

놓고, 다음 장사를 위해 비어 있는 잡곡통에 곡식을 채워 차에 싣는 일까지 마쳐야 하루일과가 끝난다.

형수님은 보통 13가지 정도의 잡곡을 가지고 다니셨는데, 국산과 수입산을 나누어 보관해야 했다. 그래서 잡곡을 담는 대야만 해도 26개 정도였고, 여분까지 합하면 더 많았다. 여자 혼자 하기에는 벅찬 일이었다.

게다가 농산물 보호 차원에서 산지 표시가 엄격하게 규정된 시기라, 이를 정확하게 지키지 않으면 큰 벌금을 내야 했다. 사실 금액이 큰 것은 아니지만 형편이 안 좋은 입장에서는 큰 비용으로 느껴지는 것이었다.

그리고 판매자는 각 잡곡이 섞이지 않도록 신중하게 관리해야 하는 책임도 있었다. 형수님은 내일 장에 나갈 준비까지 마치고 나서야 하루 일을 마쳤다. 두환이와 내가 도왔기에 금세 마무리할 수 있었고, 형수님은 고맙다며 저녁을 먹고 가라고 하셨다.

우리는 집으로 들어가 함께 저녁상을 받았다. 식사를 마치고 나는 조심스럽게 말을 꺼냈다.

"형수님, 잡곡 장사를 하면 생활하는 데 지장이 없을까요?"

충분한 인건비가 나오는지, 장사가 어려운지 묻는 내게 형수님이 답했다.

"하기 나름이지. 믿을 수 있고 좋은 물건을 어느 방앗간에서 저렴하게 구입하느냐에 따라 손님들의 신뢰가 달라지는 거야."

너무 식상한 말이었다. 이전에는 충분한 벌이가 된다고 하시던 형수님이, 오늘은 신중하고 원론적인 대답을 하셨다. 마치 내 마음을 읽고 있는 것 같았다.

문득 이런 생각이 들었다. 어린 시절부터 하루하루 살아가기에 바빴던 나는 잡곡의 좋고 나쁨을 깊이 생각해 볼 여유조차 없었다. 그러던 어느 날, 형수님께서 좋은 물건을 고르는 것이 얼마나 중요한지 일깨워 주셨다. 처음에는 그 말씀이 조금 낯설게 다가왔다.

하지만 무언가에 관심을 기울이기 시작하면, 전에는 보지 못했던 작은 것들이 하나둘 눈에 들어오기 시작한다는 게 참 신기했다. 마치 새로운 목표가 생기면서 시선과 마음도 함께 변화하는 것같이.

나는 다시 물었다.

"형수님, 손님들이 좋은 잡곡인지 아닌지 알아봐요?"

형수님은 입가에 미소를 띠었다. 아마 내 말속에 숨어 있는 관심사를 읽어내신 듯했다.

"그럼요. 그걸 먹어보는 순간, 좋은 물건인지 아닌지 금방 알아요."

그 말이 신기했다. 먹어보는 것만으로도 품질을 알 수 있다니! 문득 어릴 적 어머니가 해주시던 밥맛이 떠올랐다. 어쩌면 형수님이 하시려던 말도 그와 같았을 것이다.

"사람들은 처음에는 의심을 해. 그래서 조금만 사서 먹어본 다음, 좋으면 점점 많이 사가는 거야."

나는 과거 초라한 초가지붕 아래 건불로 밥을 지어 주시던 어머니 밥맛과 현재의 식단 사이에서 형수님의 말뜻을 이해하려고 노력해

본다. 아무렇지도 않게 먹었던 잡곡밥이었는데, 그것에도 차이가 있었던 걸까?

"그러면 형수님이 거래하는 정미소는 믿을 만한 곳이겠네요?"

형수님은 고개를 끄덕였다.

"여러 정미소를 거래해 봤는데, 지금 거래하는 곳이 가장 양심적인 곳 같아. 그래서 나는 다른 곳에서는 잡곡을 사지 않아."

15년 넘게 잡곡을 취급해 온 형수님의 말이었다. 그만큼 경험 속에서 신뢰를 쌓은 곳이었으리라. 신뢰하는 구입처는 아니지만, 지금으로서는 신뢰하고 싶은 확실한 장소임에 틀림없다. 질문이 많았던 모양이다. 형수님이 내 마음을 읽기라도 한 듯 되묻는다.

"삼촌도 잡곡 장사 해보게?"

형수님은 웃음 띤 얼굴로 나를 바라보며 말했다. 나는 아직 결정을 내리지 못한 상태라 궁금해서 물어보는 것이라고 얼버무렸지만, 형수님은 이미 내 마음을 알고 있다는 듯 이야기를 이어갔다. 그동안 변변치 못한 생활을 보면서 안타까운 마음에 기다리고 계셨는지도 모른다.

"이런 건 좀처럼 알려주지 않는 비밀인데, 삼촌한테만 특별히 알려줄게."

형수님은 마치 모든 영업 비밀을 말해주려는 듯 진중하고 엄숙한 태도로 조용히 속삭이듯 말했다.

"이거 이윤이 정말 좋아. 30%가 조금 넘거든! 게다가 잡곡이 비싸서 매출도 쏠쏠해. 하루에 50만 원 정도는 거뜬히 팔 수 있다니까!"

일반 의류 매장의 이윤은 평균 20% 정도이며 재고 부담이 있지만, 잡곡은 재고 부담도 없으니 월등하게 좋은 조건이 틀림없다.

50만 원이라는 말은 한순간 모든 잡념을 내 머릿속에서 지워버리는 신기한 마법의 힘을 발휘했다. 50만 원… 귓속에 머무는 시간이 길어질수록 내 머릿속에서는 점점 듣고 싶은 말들에 나만의 수학적 공식을 대입하기 시작했다.

'이건 분명 옳은 결정이야. 그리고 합리적인 선택이 맞아!'

이렇게 스스로를 세뇌하고 있었다. 겉으로는 고민하는 척했지만, 머릿속으로는 이미 모든 결정을 내린 듯 방향을 잡아가고 있었다. 방향이 정해지고 확신이 생기자 자연스레 다음 단계를 향한 해결책을 찾아 헤매기 시작했다.

한 달에 이윤이 얼마나 생기는지, 투자 대비 수익률은 어느 정도일지 머릿속으로 끊임없이 계산해 본다. 표현하지 않으려는 이유는 확실한 결정에 따른 책임과 변덕쟁이 속마음이 변하는 모습으로 책임지지 못하는 행동을 보이지 않기 위함이었던 것 같다.

쉽게 표현하지 못했던 내 속마음을 형수님이 읽기라도 한 듯 이야기는 더욱 구체적으로 이어졌다. 이제는 다음 단계인 순이익 부분까지 선명히 그려지니 결론이 눈앞에 다가오는 듯했다.

내 머릿속에서는 이미 '옳은 선택'이라는 자가 최면이 절정에 달해 있었다. 이제 남은 것은 차근차근 계산을 통해 확실한 근거를 찾는 일뿐이다. 하지만 마음 한켠에서는 여전히 작은 망설임이 자리 잡고 있었다.

아마도 모르는 일에 대한 두려움 때문이었던 같다. 경비 부분과 순이익 부분을 계산하고 있을 무렵 형수님이 무슨 이야기를 하고 있었는데 하나도 들리지 않았다.

50만 원에 30%면 15만 원 정도가 일일 순이익이고, 15만 원을 30일로 계산하니 한 달에 450만 원의 순이익이 발생한다. 순이익에서 식비와 경비와 유류비를 여유 잡아 65만 원 정도 비용을 책정하니 335만 원 정도가 순이익으로 남는다. 이렇게 생각이 정리되자, 이 장사를 해야겠다는 확신이 더욱 강해졌다.

당시 335만 원이면 대기업 중견 급여에 맞먹는 수준이었다. 나중에 알게 된 사실이지만 비가 오거나 단속 발생 시 쉬는 날까지 여러 변수가 있다는 것은 전혀 고려하지 못한 계산이었다.

"형수님, 초기 자본은 얼마나 필요할까요?"

내가 물어보자, 형수님은 잠시 생각하더니 답했다.

"승합차 한 대랑 13가지 잡곡을 사들이려면 300만 원 정도 필요해."

순간 머릿속이 복잡해졌다. 300만 원이 없다. 부끄러웠지만 여기서 돈이 부족하다는 사실을 숨길 필요는 없다고 결심했다.

"그럴 만한 돈이 없는데… 어쩌죠?"

현재 내가 동원할 수 있는 돈은 50만 원 정도뿐이었다. 해결 방법이 없겠냐는 질문을 하면서 동시에 형수님이 도와줄 수 있다면 도움을 받고 싶다는 뜻을 돌려 말한 것이다. 더 이상 물러설 곳도 없고, 방법도 몰라서 어린아이처럼 울고 싶었다. 아니다. 창피한 것도 있었지만 자존심이 더 상했던 것 같다. 그때 형수님은 조용히 말했다.

"그러면 삼촌, 내일부터 일 배우러 같이 시장에 가자."

돈이 부족하다고 말했는데 일 배우러 가자는 말은 무슨 의미일까? 분명한 해결책이 있다는 뜻일 것이다.

"네, 내일부터 일 좀 배워보겠습니다."

결정을 내리고 집으로 돌아왔지만, 성급한 판단이 아니었을까 하는 불안감이 엄습했다. 장사는 처음인데 과연 내가 잘 해낼 수 있을까? 장사가 순조롭게 풀릴까? 사람들은 나를 어떻게 볼까? 수많은 생각이 꼬리를 물었다.

이런저런 고민으로 밤늦도록 뒤척였고, 머릿속에서는 수많은 계획이 맴돌았다. 그렇게 유난히 길게 느껴지는 밤을 보냈다. 그렇게 뒤척이며 선잠을 자다 몽롱한 상태에서 어디서 들었는지 모를 말이 떠올랐다.

"올바른 길은 생각만 한다고 얻어지는 게 아니고, 열심히 일하면서 찾을 때 보인다."

순간 눈이 번쩍 뜨였다. 내가 잠을 잤던가? 깨어 있었던가? 알 수 없었다. 하지만 그 말이 내 마음속 횃불이 되어 미래를 밝히는 계시처럼 느껴졌다.

'그래, 일단 열심히 살아보자. 마음이 안정되고 경제적 여유가 생기면 내가 가고 싶은 길이 자연스럽게 보일 테니까.'

행동하지 않는 계획은 아침 안개처럼 해가 뜨면 사라지지만, 직접 실천하며 나아가면 미래는 점점 선명해질 것이다. 도박처럼 조급한 마음은 결국 평정을 잃게 만들고, 무모한 선택으로 이어진다. 지난 2년 동안 나는 계획만 세울 뿐 정작 실행에 옮기지 못했다.

이제 막 새로운 일을 시작하려니 낯선 현실이 부담스럽고 두렵다. 각오는 했지만, 두려움이 새로운 적이 되어 폭풍처럼 밀려왔다. 두려움이 만들어 낸 어두운 장벽이 나를 가로막았다. 보이지 않는 검은 장벽은 사실 존재하지 않는다. 두려움이 만들어 낸 허상일 뿐이다.

'가보자! 부딪혀 보자! 그 장벽은 거짓이니 신경 쓰지 말자!'

이렇게 마음을 다잡아 보았지만, 생각을 생각이 지배하는 것은 쉽지 않았다. 그 생각을 극복할 수 있는 건 오직 행동뿐이었다. 움직이다 보면 조급한 마음도 사라지고, 현실을 더 객관적으로 보게 되어 실패할 확률도 줄어들 것이다.

'이제부터는 앞만 보고 열심히 행동하자.'

더 좋은 길이 열리고 희망찬 미래가 틀림없이 올 것이라 믿었기 때문이다. 그때가 되면 더욱 현실적이고 안정적이며 평온한 결정을 내릴 수 있을 것이다. 그때가 나의 진정한 길이 될 것이라고 나 자신을 위로하며 마음을 추스르고 다독이고 있었다.

다음날, 형수님을 따라 남원시 오일장으로 향했다. 노점상에도 각자의 자리가 정해져 있었다. 누군가 다른 사람의 자리를 빼앗으려 하면 주변 상인들이 함께 나서서 막아주는 구조였다. 상부상조의 개념인 것이다. 이는 서로의 자리를 지켜주는 것이 모두에게 이롭기 때문이기도 하다. 시골 손님들이 익숙한 자리를 찾아오기도 하고, 오랜 시간 함께하며 정이 들었기 때문이기도 하다. 이렇게 서로를 배려하며 장사하는 것이 이곳의 문화가 되어 있었다.

형수님의 자리에 도착해서 물건을 진열하기 시작하자, 주변 노점상들이 내가 누구인지 궁금해했다. 서로가 너무나 잘 알기에 낯선 사람이 신기했던 모양이다.

"누구야?"

형수님은 그저 웃기만 하고 대답이 없다. 궁금한 주변 사람들은 각자의 짐을 정리하다 문득 문득 나를 쳐다보았지만, 끝까지 삼촌이라는 말 한마디만 하고 더 이상 말이 없다. 장사할 잡곡 정리가 끝내갈 무렵 다시 인사를 나누기 시작한다.

"어머니 제사는 잘 지냈지?"

"딸내미 미용 자격증은 땄어?"

"강아지가 태어난 지 며칠째야?"

이렇게 서로의 일상을 물어보고 자기 일처럼 기뻐하는 모습이 놀라웠다. 너무나 사적인 내용을 마치 한 가족처럼 궁금해하고 관심을 가지며 함께 기뻐하고 서운해하고 즐거워했다. 그들은 단순히 이해관계로 얽힌 관계가 아닌, 그 이상의 깊은 애정으로 맺어져 있다는 것을 알 수 있었다.

이런 묘한 감정의 흐름을 요즘은 느끼기 힘들다. 어린 시절 시골 마을에서 느꼈던 그 정겨움이 떠올랐다. 마을 어른들이 모두 부모님처럼 아이들을 살뜰히 챙겨주고, 기쁜 일과 슬픈 일을 함께 가족처럼 나누며 살았던 그때의 포근한 공동체 의식 같은 것이었다. 일보다는 사람들과의 정서적 교류와 불문율처럼 된 규칙들을 배우는 것이 더 큰 감동으로 다가왔다. 마치 어린 시절 우리 동네로 돌아간 나의 모습처럼…

상상도 못했던 많은 경험을 하면서 새로운 세계에 온 것처럼 신기한 감정을 느꼈고, 그 속에서 흥미와 재미도 발견했다. 하루를 마무리하고 돌아오는 차 안에서 형수님이 매출을 확인하시더니 80만 원이 넘는다고 하셨다. 80만 원의 30%면 24만 원이다. 2년 전 서울에서 받았던 내 월급이 150만 원이었는데 말이다.

형수님이 내 앞에서 일부러 정산하신 것이 분명했다. '할 수 있다'는 것과 '열심히 하면 충분한 보상이 따른다'는 희망을 보여주시려는 의도였음을 짐작할 수 있었다.

'나도 할 수 있겠지?'

이런 생각을 하며 집으로 돌아왔다. 아내에게 잘 선택한 것 같다고 말했다. 새로운 세상에서 발견한 호기심과 희망이 그렇게 말하게 했던 것 같다.

다음날은 영광 오일장으로 갔다. 영광장도 다르지 않았다. 가족 같은 분위기, 남의 일도 자기 일처럼 생각하는 장터 식구들, 소소한 가정사까지 챙겨주는 정겨움이 그대로였다. 자리만 바뀌었을 뿐 모든 것이 비슷했다. 바쁜 회색 도시에서는 시간이 빠르게 지나가지만, 오일장은 시간도 느리게 가나 보다. 그래서 아직까지 '정'이라는 것이 남아 있나 보다.

오늘은 좀 더 실질적인 내용을 배웠다. 손님들께 상품을 설명하는 방법, 좋은 물건을 고르는 법, 가격 설정, 요리법 설명, 주의사항 안내 등 응대 방법을 배우느라 하루가 커피 한 잔 마시는 시간보다 더 빠르게 지나갔다. 열흘 정도를 따라다니다 보니 한 장소를 두 번씩 가게 되었다. 손님만 달라졌을 뿐 그 장소와 자리, 서로 나누는 인사와 음식들, 서로를 챙겨주는 모든 일상이 똑같았다.

신기하게도 나도 모르는 사이에 이 감정의 흐름 속에 자연스럽게 동화되어 가면서 일을 배운 게 아니라 어린 시절 작은 시골 마을로 돌아가 작은 아이가 된 것 같은 시간이었다.

자신감이 생기고 편안해지던 어느 날, 형수님께서 물으셨다.
"삼촌, 승합차는 샀어?"
"네, 중고 승합차를 할부로 준비했습니다."
현금은 없었지만 카드 신용으로 저렴한 승합차를 하나 구매해 둔 상태였다. 비를 피할 수 있고 저녁에 도둑 걱정 없이 물건을 보관할 수 있어 승합차가 최고라고 조언해 주신 대로 틈틈이 알아보다가 100만 원짜리 승합차를 카드 할부로 구매했던 것이다.
"그러면 내일 정미소 갈까?"
형수님의 갑작스러운 말에 그동안 잊어버리고 있던 문제가 떠올랐다. 돈 문제인 것이다. "돈이 부족해요!"라고 말하고 싶었지만, 그 말이 입 밖으로 나오지 못하고 목구멍에서 맴돌다 삼켜져 버렸다. 장사를 배우기로 결정했을 당시 가지고 있던 50만 원은 이미 공과금과 분유, 생활비로 다 써버린 상태였다.

"내일 전주에 있는 정미소 갈 거니까 오전에 준비하고 있어."

이런 말만 남기고 형수님은 나를 내려주고 집으로 가버리셨다. 마음이 다급해졌지만, 그렇다고 달라지는 건 없다. 해결 방법도 보이지 않았다. 마음만 바빠질 뿐이었다. 또 이렇게 준비도 없이 현실이 눈앞에 떡하니 다가온 것이다. 집에 와서 아내에게 급하게 물었다.

"지금 돈이 얼마나 있어? 현금으로 쓸 수 있는 돈 전부 줘봐. 내일 잡곡을 사러 전주에 가야 해서 돈이 필요해."

아내가 꺼내놓은 현금은 고작 25,000원이었다. 세상에 부끄럽고 창피했다. 진심으로 아내에게 미안했다. 말로 설명하기 힘들 정도로 죄송스러웠다. 그렇다고 뭐라 할 말도 없었고, 해결 방법도 없었다. 절망에 가까운 심정으로 밤을 뜬눈으로 지새웠다.

새날이 오지 않기를 간절히 바랐지만, 어김없이 새벽빛은 서서히 다가오고 있었다. 그 빛은 어둡고 음산한 검은 산 그림자를 서서히 지워가며, 세상의 색깔을 변화시키기 시작했다. 초록빛의 생명력이 서서히 드러나면서, 나의 마음속에도 새로운 희망이 피어나는 듯했다. 내장산을 지나 정읍 시내의 회색빛 도시까지는 한숨 하나로도 충분히 도착할 수 있는 짧은 거리였다. 하지만 그 짧은 시간 동안에도 많은 생각이 스쳐 지나갔다.

어제까지는 배움의 시간이었지만, 오늘부터는 홀로서기가 시작되는 새로운 하루가 다가왔다. 같은 하루임에도 불구하고 오늘은 전혀 다른 느낌으로 다가왔다. 과거의 나와는 다른, 새로운 나를 맞이해야 한다는 긴장감이 느껴졌다. 이런 감정은 마치 새로운 시작의 문턱에 서 있는 듯한 설렘과 두려움을 동시에 안겨주었다.

형수님과 나는 새로 구매한 승합차에 몸을 실었다. 조금 낡았지만 차 안은 깨끗하고 넓었으며, 앞으로의 여정을 기대하게 만드는 분위기로 가득했다.

전주 근처의 정미소로 향하는 길은 한적하고 조용했다. 그곳은 외진 들판에 덩그러니 서 있는 정미소로 수십 년은 되어 보이는 낡은 건물이었지만, 그 안에서는 많은 사람이 분주하게 움직이고 있었다. 그 모습은 마치 시간이 멈춘 듯 과거와 현재가 공존하는 공간처럼 느껴졌다.

고속도로 근처에 위치한 정미소는 그동안 스쳐 지나가며 '아직도 저기서 정미소를 운영하는구나?'라는 생각을 하곤 했던 곳이었다. 하지만 직접 들어가 보니 그곳은 생각보다 훨씬 더 활기차고 생동감 넘치는 장소였다.

사람들은 끊임없이 물건을 나르고, 서로 대화하며 웃음을 나누고 있었다. 참 신기한 광경이었다. 스쳐 지나갈 때는 사람의 흔적조차 찾아볼 수 없어 보였던 그곳이 이렇게 머무르고 보니 전혀 다른 세상으로 변모한 느낌이었다.

이제는 그 정미소가 단순히 지나가는 풍경이 아닌 나의 새로운 여정의 시작점으로 자리 잡고 있었다. 각기 다른 사람들의 이야기가 얽히고설켜 있는 이곳에서 나는 또 다른 배움을 얻고, 새로운 경험을 쌓아갈 준비가 되어 있었다. 이 작은 정미소가 나에게 어떤 변화를 가져다줄지 기대가 되었다.

정미소는 특유의 뿌연 곡식 가루가 공기 중에 떠다니며 문틈마다 가득했다. 오랜 세월 쌓여온 듯한 하얀 가루들이 햇빛에 반짝이며 춤추듯 떠다녔고, 만지는 것마다 흰 곡식 가루가 손에 묻어났다. 마치 시간이 멈춘 듯한 이 공간에서는 오래된 기계들의 둔탁한 울림과 함께 곡식 빻는 소리가 끊임없이 울려 퍼졌다.

공기 중에는 잡곡이 뿜어내는 구수한 향도 가득했다. 그 정미소는 수수, 조, 율무, 보리, 찹쌀 등을 찧는 곳으로 전주 일대에서는 찾아보기 힘든 전문 잡곡 정미소였다.

일반적인 쌀을 찧는 정미소는 여러 개 있었으나 잡곡의 쇠퇴기가 오면서 대부분 잡곡 정미소는 사라져 버렸던 것이고, 쇠퇴기를 걸었던 잡곡 정미소의 기계 또한 건물의 외형처럼 옛날 것이어서 정미 도중에 나오는 먼지는 해결을 못했다.

투박한 기계 소음과 뿌연 가루가 이리저리 뒤섞여 정신을 못 차리고 눈동자만 이리저리 신기한 세상을 보듯 헤매고 있다. 그 혼란한 사이에도 돈이 부족하다는 것이 마음이 쓰여 어떻게 해결할까 하는 고민은 사라지지 않았고, 돈에 관한 이야기를 언제 말해야 할지 망설이고 있었다.

어느 순간 기계음과 먼지와 생각이 뒤섞여 뭐가 중요하고 무엇부터 해결해야 할지 머뭇거리고 있는데 형수님은 아무런 말도 없이 너무 태연하게 이리저리 구경만 하고 계신다. 전혀 모르는 남처럼 말이 없으니 더 걱정스러웠던 것도 사실이다. 60대 후반으로 보이는 주인이 나오면서 형수님이랑 이야기 나누는가 싶었는데 나보고 오라고 손짓을 한다.

시끄러운 기계음 때문에 뭐라 입이 들썩였지만, 소리는 들을 수 없었다. 인사를 나누고 전화번호를 서로 받아 적으며 커피를 마시고 난 후에 뒤 트렁크 쪽 문을 열어놓고 기다리라고 말한다. 아무런 설명도 없다. 군인들처럼 지시하면 행동하는 기분이다. 갑자기 여러 명의 남자가 큰 포대에 13가지의 잡곡을 짐칸에 싣고 문을 닫아주는 것이다. 돈 문제는 더 이상 생각이 아니라 피할 수 없는 현실로 와버린 것이다.

'까짓것 이제는 부딪쳐 버리자! 당당히 맞서보자!'

이렇게 다짐하고 정미소 사장님 앞으로 당당히 걸어가는데 뒤에 서 있던 형수님이 시끄러운 기계음 속에서 겨우 들리는 목소리로 정미소 사장님께 다시 한번 확인하듯이 말한다.

"우리 삼촌이 돈 못 갚으면 내가 갚아줄 테니 물건 달라면 언제든지 줘야 합니다."

그 혼탁한 먼지 속에서 형수님의 당당한 모습은 지금까지 보아온 그 어떤 사람들보다 듬직한 모습으로 보였으며, 그 목소리는 깊은 동굴 속 정적만이 흐르는 가운데 천정에서 떨어지는 한 방울의 맑고 청명하면서도 깨끗한 파장으로 나의 뼛속 깊은 곳까지 박히는 듯 선명하게 들렸다.

마음에 전해지는 말이 이런 것인가 보다. 지금도 그 당당하던 모습과 목소리가 귓가에 생생하다. 형수님께 어떤 말로 감사함을 전해야 할지, 이 마음을 어떻게 표현해야 할지 막막했다. 그것은 단순히 표현할 단어를 찾지 못해서가 아니었다. 내 마음 깊숙이 자리 잡은 진심의 무게감을 담아낼 만한 언어가 이 세상에 존재하지 않는 듯했다.

정읍으로 돌아오는 길, 나는 끝내 한마디도 꺼내지 못했다. 도착 직전, 형수님께서 불쑥 말씀하셨다.

"삼촌, 지금 내가 쓰는 대야가 너무 낡았지? 이참에 하나 바꿀까? 대야 파는 곳으로 데려다줄래?"

그 말의 의미를 금세 알아차렸다. 형수님이 쓰던 대야를 물려주시겠다는 것! 그동안 그 대야로 돈을 벌어왔으니 복 많은 이 대야로 돈 많이 벌라는 뜻이다. 그리고 적은 돈이라도 아끼라는 깊은 배려가 담긴 말씀이었다. 또다시 "감사합니다"라는 말밖에 할 수 없었다.

새 대야를 형수님 댁에 내려주고 돌아서려는 순간,

"삼촌, 내일 순창장에 가서 물건 팔아봐. 거기도 잡곡이 잘 팔리는 곳이야."

이 말씀을 남기고 형수님은 집 안으로 들어가셨다.

내일부터는 혼자다. 밀려오는 부담감에 몸과 마음이 무거워졌다. 내일이라는 숙제가 발등의 불이 되어 나를 짓눌렀다. 제대로 된 인사도 못한 채 집에 와서, 현금 이만오천 원을 한참 동안 바라보았다. 거스름돈이 필요할 터이니 만 원짜리 두 장을 천 원짜리로 바꿔야겠다는 생각이 들었다.

이제 준비는 끝났다. 내일부터는 혼자고 물건을 못 팔면 돌아올 주유비마저 없어질 상황이니 어떻게든 돈을 벌어야 했다. 누구에게나 '처음'이란 단어는 두려움으로 다가온다. 알 수 없는 미래에 대한 불안 때문일 것이다. 여기에 절박한 상황까지 겹치면 엄청난 용기가 필요하다. 그 당시 나의 마음은 마치 거센 바람 부는 들판에 촛불을 켜 놓은 것 같았다.

새벽밥을 먹고 순창장으로 향했다. 곡물 점포들이 밀집한 곳은 갈 수가 없었다. 각자의 자리가 정해져 있고, 같은 품목을 파는 사람이 나타나면 배척하는 분위기를 이미 알고 있었기에 시장 입구 통닭집 앞 노점 자리를 선택할 수밖에 없었다. 지나다니는 사람도 거의 없었고, 찾아오는 손님은 있을 리 만무했다. 이곳 시골 상가는 오늘 어떤 장사가 들어왔고, 어느 집 노점상이 빠졌으며, 어디 사는지까지 속속들이 알고 있는 깊은 유대관계가 형성된 공간이었다. 마치 5일 만에 오는 하루처럼…

이런 상인들의 불문율을 알고 있었기에 그들의 영역을 침범하며 충돌하고 싶지는 않았다. 그들의 삶과 터전을 존중해야 한다는 생각이 마음 한켠에 자리 잡고 있었나 보다.

통닭집 앞에 노점을 펴놓고 있었지만 한 줌의 잡곡도 팔지 못한 채 점심시간이 지나, 오후 4시가 다가왔다. 순창장도 다른 장터와 마찬가지로 4시가 되면 파장 분위기가 감돌았다. 철수하는 상인들은 늘어가는데, 물건을 사러 오는 손님의 그림자조차 보이지 않았다. 물어보는 사람도 없었다.

'허탕 치고 돌아가야 하나?'

이런 생각에 빠지자, 내 자신이 처참하게 느껴졌다. TV에서 보던 것처럼 미친 듯이 "물건 사세요! 좋은 물건 왔어요!"라고 외쳐보지도 못하고 소심하게 앉아만 있었던 내가 원망스러웠다.

통닭집 사장님은 60대 초반으로 보였다. 장사 시간 내내 오토바이로 배달을 다니는 모습만 보이던 그는 말수 적은 평범한 동네 아저씨였다. 배달을 다녀오더니 불쑥 말을 걸어오셨다.

"처음이세요?"

"네, 첫 장사 나왔는데 아직 자리를 못 잡아서 여기 펴놨습니다."

가게 앞이라 불편해서 비켜달라는 의미라 생각하며 걱정스러운 마음으로 대답했다.

"여기는 사람들 통행이 적어서 다른 데가 좋을 텐데…"

"아직 어디가 좋은지 몰라서요. 다음엔 좋은 길목으로 가겠습니다."

이게 전부였다. 오가며 힐끔거리던 사장님은 파장이 다가오는데도 자리를 뜨지 않는 나를 보더니 가게 앞 평상에 앉아 전화를 걸기 시작했다. 의외로 우렁찬 목소리였다.

"형수, 빨리 와봐! 좋은 물건이 왔는데 형수가 와야 할 것 같아."

"응, 누구 엄마 빨리 와봐. 좋은 것이 있다니까."

"나여, 우리 가게로 빨리 와. 좋은 것이 있으니까."

도대체 무슨 전화를 저리 많이 하시는 건지, 뭐가 그리 재미있다고 사람들을 부르시는 건지 영문을 몰랐다. 사실 빈손으로 돌아가야 한다는 걱정에 사로잡혀 남의 일에는 신경 쓸 겨를도 없었다. 오히려 시끄러운 전화 소리가 귀에 거슬릴 지경이었다. 20분쯤 지나자 갑자기 주변 사람들이 통닭집 사장님과 함께 우르르 몰려왔다.

'왜 오는 거지? 혹시 다음부터 여기서 장사하지 말라는 경고라도 하려는 걸까?'

순간 두려움과 실패에 대한 부담감이 한꺼번에 밀려와 주춤거렸다. 열 명 정도 되는 사람들이 다가왔다. 그런데 뜻밖에도 "와, 물건 좋네!"라는 말이 들려왔고, 통닭집 사장님은 "좋으니까 전화했지"라며 환하게 웃으셨다.

"이 총각이 처음 나왔는데 가짜 물건을 들고 나왔겠어? 척 보면 알지. 얼른 좀 사줘. 총각 오늘 마수도 못했어!"

그들은 가격도 묻지 않았고, 더 달라는 말도 하지 않았다. 어떻게 팔았는지도 모를 만큼 정신없이 물건이 나갔다. 거스름돈을 제대로 주고받았는지조차 기억에 없다. 그리고 순식간에 주변이 조용해졌다. 사람들이 흩어지고 장사하는 이들도 모두 철수한 뒤 나만 덩그러니 남았다.

장터가 너무 조용하다. 나 혼자만 남아 있었다. 짐을 정리하고 통닭집 사장님께 감사 인사를 드리며 통닭 한 마리를 주문했지만, 사장님은 열심히 살라는 말씀과 함께 그냥 주셨다. 아마도 순창 장터 입구 상인들은 다 알고 있었을 것이다. 물건의 진위보다는 한 청년에게 희망을 전하고 싶었던 것이리라. 처음 보는 낯선 이방인에게 건넨 그 따스한 마음은 절벽 끝에서 희망으로 가는 길을 밝혀준 등불 같은 사랑이었다.

정읍 집으로 돌아가는 시골길 주유소에 들러 만 원어치 기름을 넣고, 구겨 넣었던 주머니 속 돈을 꺼내보니 만 원짜리 여러 장이 보여 마음이 든든해졌다. 내일 다른 장터로 갈 기름도 채웠고, 정성스레 포장된 통닭향이 차 안 가득 퍼지는데, 가족과 나눠 먹을 생각에 행복감이 밀려왔다.

문득 점심도 못 먹었다는 사실을 깨달았다. 마음의 여유가 없으면 배고픔조차 잊게 만드는 힘이 있다는 걸 처음 알았다. 서둘러 집으로 향했다. 배고픔 때문이 아닌, 가족과 나눌 통닭향이 발걸음을 재촉했던 것이다.

집에 와서 계산해 보니 놀라웠다. 원금 25,000원에서 기름값 만 원을 빼고 여윳돈 15,000원을 제외하고도 30만 원이 넘는 수익이 났다. 한 사람당 3만 원어치씩 사준 셈이었다. 감사하고 따뜻한 순창 장터 사람들, 특히 통닭집 사장님께 어떤 말로도 표현할 수 없는 감사함을 느꼈다. 이것이 바로 내가 지인들에게 가끔 이야기하던 '나의 종잣돈 15,000원'의 시작이었다.

그날 저녁, 형수님께서 시장보다는 아파트 단지에서 더 많은 매출을 올릴 수 있다는 조언을 전화로 주셨다. 형수님은 장터마다 고정 자리가 있어 옮기기 힘들지만, 나같이 자리가 없는 사람에게는 더없이 좋은 정보였다.

다음날, 나는 광주로 향했다. 아파트 주변 노점상들이 모이는 곳, 특히 오일장 형식으로 형성된 곳을 찾아 자리를 잡았다. 생소했던 잡곡은 입소문을 타며 빠르게 퍼져나갔고, 산지 표시를 확실히 한 덕분에 찾는 이가 늘어났다. 정해진 요일을 지켜 장사하다 보니 어느새 단골손님도 생겼다.

시간이 흐르며 매출은 꾸준히 상승했지만, 모든 것에는 끝이 있듯 잡곡 장사도 내리막길에 접어들었음을 직감하는 데는 그리 오래 걸리지 않았다. 1년쯤 지난 어느 날 다른 노점상이 잡곡의 인기를 듣고 내 장사 하루 전날 같은 자리에서 미리 팔아버리는 일이 있었.

처음에는 몰랐지만, 손님들이 "어제 샀다"는 말을 하면서 알게 되었다. 매일 같은 자리에서 장사할 수 없었던 것은 요일별로 그 자리의 주인이 달랐기 때문이었다. 게다가 노점 단속이 나오면 접어야 했고, 비가 오면 아예 나올 수도 없었다.

설상가상으로 채소 파는 노점상들까지 잡곡을 취급하기 시작했다. 같은 장소에서 잡곡 판매자가 늘어나면서 매출은 줄어들었고, 단속은 심해졌으며, 날씨는 더욱 힘들게 만들어 겨우 생계를 유지하는 수준으로 전락해 버렸다.

'조금 더 저렴하게 잡곡을 구할 수만 있다면 승산이 있을 것이다.'

이런 결론을 내리고 틈나는 대로 농가를 찾아다니기 시작했다. 내년이라는 희망이 있었기에 힘들거나 지치지 않았다. 여유 자금이 생길 때마다 조금씩 사 모은 잡곡이 어느새 상당량 쌓여갔다. 육체의 피로는 문제가 되지 않았다. 중요한 건 마음이 지치지 않아야 한다는 것을 알았기에 희망이라는 생각의 끈을 놓지 않았다.

나에게 있어 마음의 피로를 이겨내는 방법은 바로 '희망'이었다. 쌓여가는 잡곡을 내년에 팔 수 있다는 희망은 그 무엇보다 소중했다. 가진 것 없는 이들에게 희망을 빼앗는 것은 세상에서 가장 큰 죄악이라 생각한다. 나에게도 내년을 준비하는 희망은 삶의 전부와도 같았기에, 희망이란 것이 얼마나 소중한지 너무나 잘 알고 있다.

시골 농가를 돌며 모아둔 잡곡을 저장해 놓을 창고가 필요했다. 낡고 허름한 창고를 구해 쥐가 들어오지 못하도록 단단히 보강하고, 습기를 막기 위한 통풍장치와 도난방지를 위한 잠금장치도 튼튼하게 설치했다.

곡물 관리는 절대 쉽지 않았다. 여름철 벌레 발생을 막기 위해 주기적으로 가스 살충 작업을 해야 했고, 습한 날에는 작은 햇살이라도 찾아 말려야 했으며, 지나치게 건조할 때는 그늘을 만들어 주어야 했다. 무거운 무게와 다양한 종류의 곡식을 관리하는 일은 쉽지 않았지만, 정성을 다했다.

그렇게 차곡차곡 쌓여가는 곡물을 정성껏 관리하며 내년의 희망을 키우던 그해 겨울은 유난히 더디게 흘러갔다. 평소보다 많은 눈이 내려 노점 장사를 못하는 날이 잦았지만, 그런 날씨쯤은 아무런 문제가 되지 않았다. 창고에 쌓인 곡식만큼 마음의 여유도 커져 그 겨울은 유난히 따뜻하게 느껴졌다.

하늘에서 쏟아지는 눈이 지붕을 무너뜨릴까 걱정될 만큼 두껍게 쌓였던 어느 날, 나는 수차례 창고를 들러 이상이 없는지 확인했다. 다행히 날씨가 포근해지면서 지붕의 눈도 서서히 녹기 시작했고, 긴장했던 마음도 한결 누그러들었다. 일주일 넘게 쌓여 있던 지붕의 눈이 녹는 동안 창고의 환기 상태와 쥐의 침입 여부, 습기 정도를 꼼꼼히 점검했다. 다행히 모든 것이 정상이었다.

그로부터 한 달여가 지난 어느 날, 창고에 들어서자 미세한 눅눅한 냄새가 코끝을 스쳤다. 환기 부족인가 싶어 문을 활짝 열고 바닥을 세세히 살폈다. 물기가 곡물에 닿으면 썩기 때문에 특히 신경 써서 확인했지만, 특별한 이상은 발견되지 않았다. 습기가 많아 그런가 보다 생각하고 대수롭지 않게 생각하며 넘겼다.

그러나 2~3일 후 다시 찾은 창고에서 눅눅한 냄새가 전보다 진해진 것 같았다. 걱정스러운 마음에 구석구석을 살폈지만, 걱정할 만한 부분은 찾지 못했다. 괜찮겠지 하는 생각으로 두 달이 흘렀고, 봄이 찾아왔다. 봄비가 잦아졌고, 곡식 가격이 오르기 시작하는 계절이 된 것이다.

그날도 봄비가 내리는 와중에 환기를 위해 창고 문을 열었는데, 이

전보다 훨씬 강한 눅눅한 냄새가 확 끼쳐왔다. 원인을 찾아 이리저리 살폈지만, 원인을 알 수 없었다. 멈출 기미 없는 비를 바라보며 잡곡더미에 기대어 한참을 서 있는데, 갑자기 등 뒤에서 '똑' 하는 소리가 들렸다. 예상치 못한 소리에 귀를 의심했다.

한 시간 동안의 점검에서도 이상이 없었던 터라 설마 무슨 일 있겠어 하며 가볍게 생각했다. 그러나 다른 한켠으로 만약을 대비해서 귀를 기울여 자세히 들어보자는 마음이 들어 숨소리마저 죽이고 귀를 쫑긋 세워 긴장한 채 기다렸다.

5분쯤 지나자 다시 들린 '똑' 소리에 소스라치며 천장을 올려다보았다. 비가 새면 곡식이 담긴 포대 자루 전체에 물이 퍼져 썩을 수 있기 때문이다. 천장을 자세히 살펴보았지만, 이상은 보이지 않았다.

그러나 5분 간격으로 계속되는 '똑' 소리… 밖에서 들리는 소리일까 싶어 천장을 뚫어지게 쳐다보는데, 놀랍게도 아주 작은 못 자국처럼 보이는 작고 검은 점에서 한 방울씩 곡물 위로 떨어지고 있었다.

보통 물이 새면 목재 주변에 얼룩이 번지거나 흔적이 남기 마련인데 이상하게도 못 머리만 한 점에서 흔적 없이 한 방울씩 떨어져 정성스레 쌓아둔 곡식을 적셨다. 합성수지 포대에 담긴 곡식들은 천천히 떨어지는 물방울을 흔적도 없이 흡수했던 것이다. 그제서야 그동안의 눅눅한 냄새의 원인을 알게 되었다. 비가 그치면 모든 포대를 꺼내 확인해 봐야 했지만, 비는 야속하게도 멈출 줄 모르고 밤새 내렸다.

다음날 아침, 햇살이 비추자마자 한 포대씩 꺼내 확인했다. 곡식들은 물기를 머금어 곰팡이가 피었고, 눅눅한 냄새가 코를 강하게 찔렀다. 검정콩, 수수, 조, 율무, 메주콩, 찹쌀 등 30여 개의 포대 하나도 성한 것이 없었다. 얼마나 힘들게 시골 농가를 돌며 모은 잡곡인데… 말로는 표현할 수 없는 좌절감과 함께 눈물이 흘렀다.

곡식이 썩은 것도 가슴 아프지만, 더 큰 상실은 희망이 사라져 가는 것이었다. 가진 것 없는 사람들은 희망으로 살아가는데, 그 희망마저 곡식과 함께 썩어버렸다. 절망적인 상황 속에서 나는 아깝고 서러운 마음으로 자책하며 멍하니 잡곡만 바라볼 뿐이었다.

이 곡식은 단순한 상품이 아닌, 나의 희망이자 미래였으며, 한 푼도 헛되이 쓰지 않은 나의 전부였다. 남들에겐 작은 것일지 모르지만, 그 당시 나에겐 인생의 전부나 다름없었다.

며칠을 그렇게 썩어버린 잡곡 앞에서 망연자실한 채 보냈다. 겨울철 지붕에 쌓인 눈이 녹으며 떨어진 물방울과 비가 올 때마다 스며든 한 방울의 물이 쌓이고 퍼져 결국 이런 참담한 결과를 만들었다. 가을에 농가에서 사들인 잡곡이 충분히 건조되지 않은 것도 화근이었다.

10여 일이 지난 어느 날 옆집 할머니께서 돼지농장 사장님을 불러주셨다. 사료로 쓰겠다며 사장님은 혼자서 모든 포대를 화물차에 실으며 "힘내세요." 한마디를 남기고 떠났다. 텅 빈 창고에 홀로 남아 마음도 비워진 채 아무 생각도, 움직임도 없이 멍하니 앉아 있었다.

다행스럽게도 눈앞에서 사라진 잡곡들이 보이지 않으니 잊고 포기하는 데 도움이 되었다. 보낼 것은 보내야 마음을 추스를 수 있나 보다. 그래서 옆집 할머니께서 빨리 처분해야만 한다고, 그래야만 한다고 말씀하셨나 보다. 그래야 살 수 있다는 것을 알고 계셨나 보다.

희망은 사라졌지만, 나는 행동을 멈추지 않았다. 행동마저 멈춰버리면 인생도 함께 멈춰버릴 것 같았다. 아직 나에게는 사랑하고 지키고 싶은 소중한 가족이 있었기 때문이다. 기계처럼 노점 장사를 이어갔다.

설상가상으로 주변의 경쟁자들은 늘어만 갔고, 단속은 더욱 심해졌으며, 날씨마저 먹구름으로 덮인 내 마음을 더욱 어둡게 만들었다. 미래를 담보했던 잡곡마저 폐기 처분한 뒤로는 행동이 소극적으로 변해갔다. 의욕이 사라지니 행동은 느려지고 얼굴은 무표정해졌으며 날씨 탓, 단속 탓, 남 탓을 하는 변명만 늘어갔다. 마음이 떠나니 변명만 늘어난다더니, 그때의 내가 그랬다.

처음 잡곡을 시작하며 이것이 나의 마지막 바닥 인생이길 간절히 기도했었다. 부끄러움도 참고, 무시하는 눈초리도 견뎌냈으며, 아내 앞에서는 죄인 같은 부끄러움도 감내했다. 육체적 고통은 전혀 문제가 되지 않았다.

'열심히 살면 잘 될 거야.'

이렇게 스스로를 위로하며 살았다.

'그래! 난 정직하고 열심히 살자. 내 일은 남에게 피해를 주는 게 아니야. 죄를 지으며 사는 것도 아니니 열심히만 살자!'

더 이상 떨어질 곳 없는 바닥 인생일지라도 나는 떳떳했다.

그러나 난 그 바닥보다 더 깊고 차갑고 어두운 곳으로 한 번 더 떨어졌다. 너무 어두워 아무것도 보이지 않았고 너무 고요해 내 심장 소리만 들렸으며 주변이 너무 차가워 온 세상이 얼어붙은 듯했다. 이는 추락이 아닌 절망이었다. 그렇다고 해서 달리 방도가 없었고, 처음 순창장에 나가던 그날보다 더 힘든 시간이 되어버렸다.

희망도, 욕망도, 도전정신도 사라진 채 하루하루를 무의미하게 보내던 어느 날, 다시 한번 결심했다.

'그래, 내 마음부터 안정을 찾자. 그리고 주변을 보자. 조금만 지나면 이 깊고 깊은 차가운 동굴에서 나갈 방법이 있을 거야. 암순응[1] 시간이 지나면 희미한 불빛도 밝게 보이지 않는가? 틀림없이 길은 있을 것이다. 그때를 위해 힘차게 도약할 준비만 하자!'

살아남기 위해 마음을 내려놓고 차분하게 주변을 살피기 시작했다. 지금 돌이켜보니 이 사건은 나에게 성숙함을 선물한 엄청나고 고귀한 전환점이었다. 더 이상 내 힘으로 문제를 해결할 수 없는 상황에 부딪혔을 때 주변 사람들이나 세상을 탓할 것이 아니라 차분히 마음을 가라앉히고 탈출구를 기다려야 한다는 것을 깨달았다. 반드시 다시 일어설 수 있는 기회가 온다. 끝없이 내려가는 길이 없듯이, 끝

---

[1] 암순응 : 밝은 곳에서 어두운 곳으로 들어왔을 때 처음에는 앞이 보이지 않지만, 시간이 지나면서 다시 보이게 되는 현상이다.

없이 올라가는 길도 없는 법이다.

절박한 상황은 우리에게 두 가지 선택권을 주는 것 같다. 하나는 포기요, 다른 하나는 기회다. 포기하면 그것으로 끝이지만, 냉정한 마음으로 기회를 기다리면 새로운 방법이 생긴다. 이것이 바로 새로운 출발점이다. 절망을 딛고 일어난 커다란 교훈이었다. 마음이 조급해지거나 다른 사람과 세상을 탓하는 순간, 그것은 자신에 대한 합리화가 된다.

합리화는 단지 현실을 회피하는 방법일 뿐 본질적인 문제 해결과는 거리가 멀다. 침착하게 마음을 진정시키면 여유가 생긴다. 그 마음의 여유가 자신을 돌아보게 하고, 주변을 살피게 하며, 세상의 흐름을 보게 만든다. 그리고 마침내 올바른 길이 보이기 시작한다. 또 다른 희망이 다가온다는 것을 알게 될 것이다. 열심히 살아왔다면 다시 일어설 수 있는 시간이 반드시 찾아온다. 그때를 차분히 기다려라.

이 깨달음을 얻은 후 나의 인생은 엄청난 변화를 맞이했다. 물론 이 모든 것을 깨닫기까지는 많은 시간과 고통이 있었다. 나는 절망이 무엇인지를 절실히 깨달은 것이 오히려 큰 자산이 되었고, 이를 신의 선물로 받아들이게 되었다.

02
희망으로

준비란 배우고, 익히고, 기다림이며
더 이상의 추락을 막는 디딤돌이 된다.

희망이 자취를 감추면서 의무감만으로 장사를 이어갔지만, 마음은 점차 무감각해져만 갔다. 게다가 손님은 점점 줄어들고 단속마저 날로 심해져만 갔다. 그나마 다행스럽게도 북구 첨단단지 부영 아파트 입구는 나만의 안전한 피난처였다.

5개 구청 중 4곳에서는 강력한 단속을 했지만, 북구는 달랐다. 생계형 노점상을 배려하여 상대적으로 단속이 덜했고, 대로변 위주로만 단속할 뿐 아파트 입구 같은 한적한 곳은 차량 방송으로 철거 권고만 할 뿐이었다. 그래서 전체 단속이 있는 날이면 으레 부영 아파트 앞으로 향했다. 말 그대로 마지막 피난처였다.

내 자리 옆에는 학습지, 과일, 구둣방 등을 하는 몇몇 노점상인들이 있었다. 그들은 마치 고정 자리인 것처럼 늘 그곳을 지켰다. 가끔씩 들르는 나였지만, 그들과 안면을 텄기 때문에 어려움 없이 어울릴 수 있었다. 서로 다정하게 인사하고 커피도 나누며 안부를 묻는 사이까지 되었다. 그들의 배려로 언제든 편하게 자리 잡을 수 있었던 그곳은, 요즘 들어 더욱 자주 찾게 된 나만의 안식처였다.

그곳에 갈 때마다 눈에 띄는 것이 있었다. 내 자리 옆에는 '자전거 수리'라고 쓰인 사각형 철판 간판이 늘 세워져 있었다. 사람은 보이지 않는데 간판만 늘 그 자리를 지키고 있어 궁금증이 일었다.

어느 날 오후 4시경, 168cm 정도의 마른 체격에 검게 그을린 얼굴을 한 50대 초반으로 보이는 남자가 나타났다. 날카로운 눈빛에 쉽게 말을 걸지 못하고 있는데, 오히려 그가 차 한 잔 하자며 말을 걸어왔다. 이곳이 자신의 자리이며, 보통 오후 3시부터 7시 사이에 와서 수리하고 자기 가게로 돌아간다고 했다.

처음엔 믿기 어려웠다. 가게가 있으면서 왜 아파트 단지까지 나와 수리를 하는지, 그리고 다시 가게로 돌아간다는 게 의아했다. 하지만 확인하지 않은 상태에서 섣불리 판단할 수는 없었다. 넌지시 가게 위치를 물어보았다. 그는 사람 발길이 뜸한 골목 안쪽에 자리 잡고 있다고 했다.

신용불량자라 사업자 등록을 하지 못해 정식 가게는 아니라고 했다. 35년 넘게 자전거를 하는 형에게 기술을 배워 15년째 자전거로 생계를 유지한다고 했다. 어디까지가 진실인지 알 수 없었지만, 일단은 긍정적으로 받아들이기로 했다.

　가는 길도 사는 방식도 다르지만, 그를 믿어주는 것이 나에게 해가 되지는 않을 거란 결론을 내렸기 때문이다. 그는 매일 오후 4시경이면 자전거 수리를 시작해 6시경에 집으로 돌아갔다.

　"오늘은 8만 원이요."

　"12만 원 벌었네."

　이렇게 말하곤 웃으며 돌아가곤 했다. 당시에는 그 말의 의미를 제대로 이해하지 못했지만, 나중에 알고 보니 자전거 수리로 충분히 먹고살 만큼의 수입을 얻을 수 있다는 뜻이었고, 잡곡 장사가 잘 되지 않는데도 자리를 지키고 있는 내가 안쓰러워 그런 제안을 했다는 것을 뒤늦게 알게 되었다.

　만남이 잦아지면서 이야기도 더 많이 나누고 커피도 함께 마시던 어느 날, 그가 불쑥 이런 말을 꺼냈다.

　"동생도 자전거나 배워보시게."

　흘러가는 말처럼 표현했지만 내 귀에는 강하게 박혔다. 어쩌면 나도 은근히 이 말을 기다렸는지 모른다.

　"저는 저주받은 손이에요. 기계를 만지기만 하면 고장 나 버리는데요."

　이렇게 말하며 웃어넘겼지만, 마음속으로는 갈등이 일고 있었다. 그동안 그의 매출을 지켜봤고, 수리하는 모습을 보며 그리 어렵지 않을 것 같다는 생각도 하고 있었다. 특히 마음에 든 것은 재고가 쌓이지 않는다는 점이었다. 그만큼 실패 확률이 낮아 보였기 때문이다.

　게다가 나는 중고등학교 시절 왕복 10km를 자전거로 통학했던 경험이 있어 자전거가 낯설지 않았다. 그때 펑크나 가벼운 고장은 혼자 수리했던 익숙함도 있어 더욱 긍정적으로 받아들였다.

　잡곡 매출은 날이 갈수록 줄어들어 하루 15만 원(순이익 45,000원)도 벌기 힘들었다. 단속과 우천으로 장사를 못하는 날까지 겹쳐 월수입 100만 원도 넘기기 어려웠다. 차량 유지비와 생활비를 제하면 말 그대로 '못 죽어 사는' 시기였다. 2년간의 잡곡 장사를 접고 새로운 길로 전환할 시점이 온 듯했다.

　마음속으로는 이미 자전거를 선택하고 있었나 보다. 스스로를 설득하기 시작한 것을 보면.

　돌아가신 아버님의 말씀이 떠올랐다. 남들이 우습게 보는 일이 돈이 되며, 돈은 버는 것보다 쓰는 법에 따라 그 가치가 달라진다고. 그 말씀이 한 줄기 빛이 되어 나의 선택에 명분이 되어주었다. 손에 기름때 묻는다고 부끄러울 것 없고, 남들이 꺼린다고 나쁜 일도 아니다. 땀 흘려 열심히 살면 그럭저럭 살아갈 수 있지 않을까?

　이런 결론에 이르러 누나와 동생에게 자전거 이야기를 꺼냈다.

　'과연 자전거로 생계를 유지할 수 있을까?'

　그 시절 아이들의 놀이용이나 통학용으로나 쓰이던 자전거로 인생을 건다는 게 무모하지 않냐는 누나의 염려 섞인 조언이 돌아왔다. 이미 어느 정도 마음의 결정을 하고 물어본 터라 걱정보다는 격려가 필요했는데 말이다. 그래도 걱정이라도 해주는 가족이 있다는 것에 감사하며 집으로 향했다.

부영 아파트 노점 자리는 어느새 나의 직장이 되어 매일 출근하듯 찾아갔다. 자전거 형님에게는 갈 곳이 없어 이 자리에 왔다는 핑계를 대기로 했다. 자전거로 사업을 하겠다는 결정을 섣불리 드러내는 것은 경솔해 보일 수 있다고 판단했기 때문이다. 마음속으로는 이미 결심을 굳혔지만, 자전거 수리를 자세히 관찰하며 실현 가능성을 타진해야 했다. 수리 기술을 익힐 수 있을지, 수익은 얼마나 될지 좀 더 면밀히 살펴볼 필요가 있었다.

자전거에 대한 정보를 찾아보기 시작했다. 당시 우리나라에서 자전거는 대부분, 아이들의 놀이용이나 통학용으로 제한적으로 사용됐고, 자전거포는 점차 사라져가는 추세였다. 어린 시절 자전거포에서 구슬 하나 얻어 팽이를 만들며 느꼈던 행복이 떠올랐다. 그 자전거포 아저씨에 대한 막연한 동경도 있었다. 어른이 되면 자전거포를 하며 팽이를 마음껏 만들고 싶었던 순수했던 꿈이 떠올라 헛웃음이 나왔다.

자전거포가 사라져가는 것은 수요 감소도 있지만, 기름때 묻히는 일을 기피하는 풍조 때문이기도 했다. 하지만 희망적인 면도 있었다. 아이들의 여가용으로 쓰이다 보니 부모들이 수리비를 아끼지 않는다는 점이었다. 우리 시절에는 자전거를 재산으로 여겨 소중히 다뤘지만, 요즘 아이들은 놀이기구로 여겨 쉽게 고장 내고, 이는 수리비 상승으로 이어졌다.

더욱 고무적인 것은 환경 문제로 많은 나라가 자전거 정책에 투자하고 있다는 점이었다. 네덜란드, 독일, 일본 등에서는 자전거가 주요 교통수단으로 자리 잡았고, 학교에서 자전거 교육도 하고 있었다. 특히 일본은 자전거 보급률이 50%에 육박했다. 우리나라는 3%대에 불과했지만 환경 문제, 건강증진, 교통체증 해소 등의 이유로 30%대까지 성장할 것이라 기대했다.

'지금부터 준비해서 5년 후면 완벽한 수리 기술을 습득할 수 있을 것이고, 그때 자전거 활성화가 시작되면 경쟁력을 갖출 수 있을 것이다.'

이렇게 마음을 굳혔다. 그리고 결정적 계기가 하나 더 있었다. 집안 사람끼리 영위하는 업이라는 것이다. 자전거 형님이 큰형에게 기술을 배웠고, 그 형은 삼촌에게 배웠다는 이야기였다. 가족들이 같은 길을 걸어가는 모습이 인상적이었다.

우리 부모님은 항상 공부 열심히 해서 좋은 직장 잡아라, 절대 농사는 짓지 마라고 하셨다. 힘만 들고 돈이 안 되니 하지 말라는 뜻이었다. 하지만 내 앞에 있는 자전거 형네는 삼촌, 큰형, 막냇동생이 모두 같은 일을 하고 있었다. 이는 이 일이 먹고살 만하다는 반증이라고 확신했다.

언젠가 그 형에게 물었다.

"형, 광주에 가족끼리 자전거 대리점 하는 곳이 몇 군데나 있나요?"

대부분이 가족 단위로 운영하고 있고, 혼자 하는 경우는 드물다고 했다. 돈이 안 되고 골병만 드는 일이라면 가족들이 말렸을 텐데 오히려 가족 간에 기술을 전수하며 이어가고 있다는 점이 확신에 찬 희망으로 발전하는 동기가 되었다.

이 두 가지 요소가 자전거 수리를 선택하게 된 결정적 이유였다. 이런 결론에 이르기까지 약 2개월이 걸렸다. 그동안 매일 부영 아파트 앞 노점에서 자전거 사장님의 수리하는 모습을 '눈 도둑질'하며 배웠다.

특히 사장님의 동작 하나하나를 외우는 데 집중했다. 수리 기술보다 동작을 먼저 익히려 한 것은 이유가 있었다. 50년 넘게 자전거를 해온 삼촌이 형에게, 다시 형이 15년 전에 이 사장님에게 전수해준 동작들은 가장 효율적이고 편안한 방식일 것이라 생각했기 때문이다.

자전거를 배우기 시작한 지 3개월이 지난 어느 날, 사장님은 자신이 쓰던 공구를 모두 내게 주고 새 공구를 주문하셨다. 공구가 도착하던 날 자전거 수리 부품도 트럭 가득 도착했다.

"무슨 부품인가요?"

"내일부터는 아파트 단지로 직접 나가 돈 벌어라."

형님은 졸업 선물이라며 차에 실어주었다. 그렇게 난 자전거 수리업을 시작하게 되었다. 당시는 기술을 배울 때 월급도 없이 배우던 시절이었다. 다시 빈손으로 새로운 인생을 시작해야 했다. 쉴 시간이나 여유를 가질 틈도 없었다.

처음이란 단어는 순창장에 갈 때나 자전거 수리를 시작할 때나 마찬가지로 두려웠지만 머뭇거릴 여유는 없었다. 새로운 방식으로 돈을 번다는 생각에 설렘도 있었다. 매장을 얻을 돈이 없었기에 아파트 단지 안으로 '출장 수리'라는 현수막을 차에 걸고 시작한 것이다. 발전한 것이다. 아파트 밖 길거리에서 이제는 아파트 안으로 들어간 것이다.

노점상처럼 출장 수리를 하며 아파트 단지를 다니던 중, 산더미처럼 쌓인 자전거 무덤을 발견했다. 관리소에 문의하니 폐기 처분될 예정이란다. 고물상에 얼마에 팔 것이냐 물었더니 오히려 타이어나 안장 처리, 쓰레기봉투 구입 비용이 많이 들어 그냥 가져간다고 했다. 순간 욕심이 생겼다.

"제가 무료로 처리해 드리겠습니다."

관리소에서는 흔쾌히 승낙했다. 1톤 화물차로 두 번에 걸쳐 싣고 고물상으로 갔는데, 뜻밖에도 고물상에서도 거절했다. 쓰레기가 더 많다는 이유였다. 설마 했는데 사실이었다. 궁여지책으로 집 근처 공터에 두 트럭 분량의 자전거를 쌓아두고 수리를 시작했다.

부품을 분리해 하나의 자전거를 만들기 시작한 지 열흘 만에 중고 자전거 20여 대가 완성됐다. 내 수고와 기술로 만든 자전거들을 광주천변에서 대여하기 시작했는데 놀라운 일이 벌어졌다. 죽어라 수리해서 하루 5만 원 벌이 하는 것과 달리 대여는 평일 10만 원, 주말엔 20만 원까지 벌었다.

'그럼 공원의 대여업자들은 얼마나 벌까?'

이런 궁금증이 들었다. 아내에게 대여를 맡기고 나는 계속 아파트 단지를 다니며 수리를 하기로 했다. 미안한 마음뿐이지만 방법이 없어서 아내에게 부탁한 것이다.

아파트 단지를 다니며 버려진 자전거를 수거해 수리하다 보니 대여용 자전거가 40대로 늘었다. 수입이 늘어나자 조만간 자전거포를 열 수 있겠다는 희망이 생겼다.

3개월쯤 지났을까? 천변 관리원이 철수 명령을 내린다. 민원이 많다는 이유였다. 사정사정해서 시간을 벌어보려 했지만, 매일 들어오는 민원 때문에 더 이상 봐줄 수 없다고 했다. 할 수 없이 철수했다. 다음날, 놀랍게도 내 자리에 낯선 사람이 자전거 대여를 시작했다.

'안됐다. 저분도 곧 쫓겨날 텐데…'

이렇게 생각했는데, 늦가을이 되어도 영업을 계속하는 게 아닌가? 의아해하던 찰나, 그 대여점에서 화재가 발생해 모든 대여용 자전거가 전소되고 말았다. 자주 지나다니는 길이라 안타까운 마음에 근처 상가 지인에게 이야기했더니, 뜻밖의 이야기를 들려주었다. 그 화재 사건의 주인공이 바로 나를 내쫓기 위해 매일 민원을 넣었던 당사자였다는 것이다. 술에 취해 영웅담처럼 떠들던 그가 노숙자를 괴롭히다 보복을 당했다는 것이었다.

할 말이 없었다. 사람들이 무서워졌다. 얼마나 힘들게 일궈낸 희망이었는데, 이것이 세상의 민낯인가 싶었다. 아픈 마음을 달래며 묵묵히 자전거를 고쳤다. 내일도, 모레도 계속해서.

몇 년이 흘렀다. 처음 계획했던 대로라면 진작 자전거 정책이 시행되었어야 했는데, 의외로 조용했다. 세계적 흐름과 역행하는 우리나라가 이상하게 느껴졌고, 내 판단이 잘못된 것은 아닌지 고민하던 시기였다.

당시 새마을금고에서 고금리로 천만 원을 대출받아 7평짜리 매장을 열었다. 보증금 천만 원에 월세 50만 원, 자전거 30대와 10만 원어치 소모품을 걸어두고 수리 위주로 운영했다.

큰 발전이었지만 월세를 1년 넘게 못 내 보증금 절반도 못 건진 채 길거리로 나와야 했다. 다행히 지인 소개로 금호동 화개초등학교 뒷골목에 새 터전을 마련했다. 보증금 300만 원에 월세 30만 원, 15평짜리였다. '알톤 자전거'라는 생소한 간판을 달았는데, 광주에서 두 번째였다. 손님들은 외국 브랜드냐고 물을 정도였다.

건물주는 30평짜리 1층을 둘로 나눠 한쪽에서 피자가게를 운영했다. 좁고 긴 가게는 낮에도 형광등을 켜야 할 만큼 어두웠지만, 나에겐 감사한 공간이었다. 약 50대의 자전거를 진열할 수 있었기 때문이다. 학교 뒷골목이라 통행량은 적었지만, 아이들의 관심을 끌어 수리 일감은 꾸준했다.

단점도 있었다. 고장 난 자전거는 부모님들이 자동차에 싣고 차량 접근이 쉬운 곳으로 가버리는 게 한계였다. 겨우 유지는 됐지만, 돈을 모으긴 어려운 위치였다. 봄부터 가을까진 괜찮았으나, 겨울 4개월은 완전한 비수기였다.

생계를 위해 건물주의 피자가게에서 배달을 했다. 월급 120만 원으로 월세 30만 원을 내고 생활해야 했기에, 외식이나 휴가는 사치였다. 매일 아침 10시부터 새벽 2시까지 80여 곳을 배달하며 겨울을 났다.

육체의 고통은 참을 만했지만, 비와 눈이 내리는 날의 두려움은 뼛속까지 스며들었다. 5년이란 세월 뒷골목 가게에서 겨울마다 피자를 배달하며 살았다. 매년 오토바이가 넘어지면서 세 번이나 갈비뼈가 부러졌다.

눈 내리는 밤거리는 늘 나를 위협했다. 아무리 조심해도 순간적으로 미끄러지는 것을 피할 수 없었다. 특히 아파트 그늘진 곳의 얼음판은 죽음의 덫이나 다름없었다. 언제 넘어졌는지도 모르게 쓰러지고, 갈비뼈가 부러지고, 발가락이 골절되는 고통의 연속이었다. 하지만 그렇게라도 겨울을 견뎌내야 했다. 겨울은 나에게 생존과의 싸움이었다.

5년이란 시간이 흘러 봄이 왔을 때, 한 줄기 희망이 찾아왔다. 알톤 자전거가 주식 상장을 위해 대리점을 모집한다는 소식이었다. 당시 삼천리자전거가 장악한 시장에서 알톤은 무명의 브랜드였다. 지원자가 없자 본사는 기술은 있되 자금이 부족한 이들에게 기회를 주겠다고 했다. 상가 보증금까지 지원한다는 말은 사막의 오아시스 같았다.

가슴 떨리는 마음으로 지원서를 제출했다. 몇 달 뒤, 뜨거운 여름날, 본사 면접팀이 온다는 소식을 받았다. 버려진 주인집의 낡은 4인용 소파를 가게 안쪽에 놓고, 보드판에 내용을 정리하며 밤낮으로 준비했다. 희망으로 가득 찬 나날이었다.

드디어 면접팀이 광주에 도착했다는 소식에 심장은 쿵쿵 뛰었다. 하루가 지나고, 이틀이 지나도 연락이 없었다.

'그냥 서울 본사로 올라간 걸까? 이미 다른 사람을 뽑은 걸까?'

불안한 마음이 깊어져 갔다.

사흘째 되던 날, 기다림은 절망으로 변해갔다. 19곳의 면접을 보고도 남을 시간인데, 내게는 연락 한 통 없었기 때문이다. 그때, 구원의 전화가 왔다. 상무이사가 오후 3시에 온다는 것이었다. 서울로 가는 길에 마지막으로 들른다고 했다. 안도의 한숨을 내쉬며 이것이 처음이자 마지막 기회일지 모른다는 절박한 마음으로 마지막 연습을 했다.

"제가 지원을 받아야 하는 이유는 5가지입니다."

다섯 가지 이유를 수없이 되뇌었다.

"충분한 기술 축적과 경력, 광주 두 번째 알톤 간판 설치, 변함없는 홍보 의지, 친절과 정직으로 쌓은 신뢰, 그리고 더 나은 미래를 향한 열정!"

이 말들이 내 운명을 바꿀 수 있기를 간절히 바라며 말이다.

오후 3시, 검은색 승용차에서 내린 네 사람 부사장, 상무이사, 전무이사, 그리고 광주지점장. 그들을 맞이하는 순간 내 가슴은 터질 듯했다. 어둡고 좁은 가게 안으로 그들을 안내하는 발걸음이 천 리 길처럼 느껴졌다. 비좁은 소파에 앉은 그들 앞에서, 나는 그저 초라한 가게 주인일 뿐이었다.

화이트보드에 정성스레 적어둔 내용들! 지금 생각하면 PPT도 모르는 무지한 사람으로 보였겠지만, 그때의 나에겐 이것이 전부였다. 내 열정을 담은 최선의 준비였다. 권한 커피를 거절하는 순간, 불길한 예감이 스쳤다. 누군가의 선의를 받아들이는 것은 긍정의 신호인데, 그들은 단호히 거절했다. 그래도 마지막 희망을 걸고 조심스레 물었다.

"준비한 내용을 설명해도 될까요?"

"됐습니다. 하지 마세요."

부사장의 차가운 한마디가 그렇지 않아도 어둡고 좁은 매장 안 공기마저 얼려버린 것 같았다. 순간 머릿속이 하얘졌다. 그 한마디에 담긴 의미를 너무나 잘 알고 있었기 때문이다. 내 가게의 현실, 내 처지를 부정적으로 본 것이 틀림없다. 알톤이라는 브랜드와 대리점의 상생 관계를 논하기에 내가, 이 가게가 너무 초라함을 판단한 것이라고 확신했다.

가진 것 없는 사람에게 자존심은 마지막 재산인데, 그마저 짓밟혀버린 기분이었다. 마음속에서는 무언가가 솟구쳐 오르는 것을 느꼈다. 걷잡을 수 없이 끓어오르는 것은 승부욕이었다. 지금까지 준비해온 과정이 있었기에, 절실히 바라던 지원 사업이기에, 힘든 역경을 딛고 갈고 닦은 기술이 있었기에, 최소한 브리핑할 수 있는 기회마저 사라졌기에.

이 순간을 수동적으로 받아들이지 않을 것이다. 최선을 다해보고 안 되면 그때 포기해도 늦지 않을 것이다. 나는 이런 마음가짐으로 다시 한번 일어서기로 결심했다. 가슴속 깊은 곳에서 승부욕이 용암처럼 끓어올랐다.

겨우 3분.

"서울을 가야 하니 잘 보고 갑니다."

이렇게 부사장이 말하고 자리에서 일어나려는 시간이다. 내 인생 전부를 걸었다 할 만큼 중요한데 부사장님의 힘든 3분과 비교되는 것 같았다. 아무것도 묻지 않고, 아무것도 보지 않은 채 떠나려 하는 그들 앞에서, 나는 마지막 승부수를 던지기로 했다.

"잠시만요, 부사장님!"

목소리가 너무 컸다. 순간 나도 놀랬다. 절박함이 섞인 내 목소리가 좁은 가게 안을 울렸다. 준비하지 않은 말들이 홍수처럼 쏟아져 나왔다. 나조차 놀랄 만큼 당찬 목소리였다.

"부사장님! 처음 이 매장에 들어오실 때, 이곳이 가게로 보이셨습니까? 아니면 창고로 보이셨습니까?"

순간 부사장의 표정이 굳어졌다. 일어나려던 동작을 멈추더니 소파에 천천히 앉으며 "글쎄요"라고 조심스럽게 대답했다. 난감해하는 부사장님의 모습에서 나는 희망의 실마리를 찾았다. 몇 분, 아니 몇 초일지라도 내가 하고 싶은 말을 할 수 있는 소중한 시간을 얻었기 때문이다.

창고 같은 이곳을 가게라 하기엔 너무 초라하고, 창고라 하기엔 내 체면이 걸린 질문이었기 때문에 대답을 못했던 것 같다. 다시 물어보았다.

"부사장님, 전무님, 상무님! 이 가게에서 1년에 몇 대나 자전거를 팔 것 같습니까?"

뒷골목의 어둡고 초라한 공간에서 얼마나 팔리겠냐는 의문이 그들의 침묵 속에 묻어났다. 상무가 조심스레 나에게 물어온다.

"사장님, 1년에 몇 대나 판매하시나요?"

"1년에 중고까지 해서 200대 정도 판매합니다."

전국 평균에 맞먹는 숫자였다. 상무의 "와, 많이 파시네요!"라는 감탄이 흘러나왔지만, 곧 무거운 침묵이 내려앉았다. 그 누구도 대화를 이어가지 못하는 무거운 시간이 지나간다. 나는 마지막 카드를 꺼내 들었다.

"부사장님, 알톤이라는 브랜드가 좋아서 제가 200대를 팔았다고 생각하십니까? 아니면 손님이 많아서 200대를 팔았을까요?"

내 질문에 부사장의 눈빛이 나를 향했다. 그 눈빛이 공격이 아닌 호기심이라는 것을 느꼈기 때문이다. 이 순간, 나는 모든 것을 걸어야만 했다. 초라한 가게 속에 숨겨진 내 진정한 가치, 열정, 그리고 잠재력을 보여줄 마지막 기회였다.

가난이 수치스러운 것이 아니라 도전하지 않는 것이 수치스럽다는 것을 증명하고 싶었다. 침묵이 흐르는 가운데, 나는 다시 한번 큰 소리로 이야기했다.

"제가 1년에 200대를 파는 이유는 단순합니다. 한 대를 팔아야 하루를 살 수 있는 절박함 때문입니다. 저는 지금까지 자전거 한 대, 한 대에 목숨을 걸고 팔았고, 앞으로도 그럴 것입니다. 대로변으로 나갈 수만 있다면 5배 매출은 자신 있습니다. 왜냐하면…"

목이 매여 순간 말이 멈춰졌다. 그동안 지난 시간이 떠올랐기 때문이다. 숨을 고르고 난 후에 다시 말을 이어갔다.

"저는 앞으로도 목숨을 걸고 장사를 할 계획이기 때문입니다."

내 말이 끝나자 시간이 멈춘 듯한 정적이 흘렀다. 숨소리조차 들리지 않는 고요 속에서, 나의 절실함이 공기 중에 울렸다. 마침내 상무가 서울 약속을 언급하며 자리를 떴고, 검은 승용차는 말없이 서울로 향했다.

잠시나마 꿈꿀 수 있어 행복했다는 체념과 함께 다시 일상으로 돌아가려고 고장 난 자전거 앞으로 가서 수리를 위해 면장갑을 끼고 있던 그때였다. 울리는 전화벨 소리! 평소처럼 광고 전화려니 생각하고 받아 든 수화기 너머로 상무의 목소리가 들려왔다.

"호남고속도로를 방금 진입했습니다."

그 한마디에 내 가슴이 쿵쾅거렸다. 이건 분명 긍정의 신호였다.

"부사장님의 말씀을 전해드리려고 합니다."

온 신경이 수화기로 쏠렸다.

"원칙적으로는 사장님께 결과 보고 후 보증금 지원이 맞지만, 김 사장님은 부사장님 권한으로 우선 지원하기로 했습니다. 혹시 본사 사장님 결재가 안 나와도 부사장님 개인 돈으로 지원하시겠다고…

열심히 사세요."

눈물이 왈칵 쏟아졌다. 마치 달콤한 솜사탕 같은 목소리가 귓가에 맴돌았다. 전화기 너머의 목소리는 멀었지만, 한마디 한마디가 내 영혼에 새겨지는 것 같았다.

광주 전남에서 단 한 곳! 그 주인공이 바로 나였다. 절망의 끝에서 만난 희망은 이렇게 달콤했다. 초라한 뒷골목 가게에서 흘린 눈물이, 이제는 새로운 시작을 알리는 기쁨의 눈물로 바뀌고 있었다. 지금도 "이게 가게로 보이십니까?"라는 질문과 "부사장님 권한으로 지원하겠다"라는 말을 떠올리면 눈물이 흐른다.

그 눈물의 정확한 의미는 알 수 없지만, 가슴 깊은 곳에서 솟아나는 이 감정은 아마도 내 인생에서 가장 절박했던 순간의 기억일 것이다.

엄청난 변화가 몰아친다. 혁명적 변화라고 표현하고 싶다. 10년 동안 겨울이면 음식 배달로 연명해야 했던 삶이 그날 이후 배움의 시간으로 변모했다. 읽고 싶었던 책을 마음껏 읽을 수 있는 여유가 생겼고, 미래를 설계할 수 있는 시간이 주어졌다. 34평 대로변 매장에서 2달 만에 250대를 판매하였고, 드디어 생존을 넘어 성장을 꿈꿀 수 있게 되었다.

이 모든 것은 결코 우연이 아니었다. 절망적 상황에서도 냉정함을 잃지 않았고, 차분히 길을 모색하다 자전거라는 길을 선택했고. 기술을 익히는 데 혼신의 노력을 다했고, 틈틈이 미래를 준비했다. 기회는 준비된 자에게만 찾아온다는 말처럼, 10여 년간의 땀과 눈물로 다져진 바탕이 있었기에 그 순간을 잡을 수 있었다.

내 인생의 가장 소중한 전환점을 묻는다면, 한 치의 망설임도 없이 대답할 수 있다. 대로변으로 나간 그 순간, 바로 그때다. 그것은 단순한 장소의 이동이 아닌, 희망을 향한 도약이었다.

지금까지의 삶이 고통스러운 바닥 다지기였다면, 대로변으로 나온 것은 그 단단한 바닥을 딛고 일어선 희망의 시작이었다. 이제는 그 견고한 기반 위에서 더 높이 날아오를 준비를 할 수 있게 되었다.

늦게나마 부사장님께 깊은 감사를 드린다. 한 사람의 진심 어린 믿음이 또 다른 사람의 인생을 바꿀 수 있다는 것을 그분을 통해 배웠다. 자전거라는 새로운 세상을 만나 제2의 인생을 시작할 수 있게 된 것은, 절망 속에서도 희망을 놓지 않았던 나의 의지와 그 진정성을 알아봐 주신 부사장님의 통찰이 만들어 낸 기적이었다.

이제 나는 안다. 진정한 성공은 끝없는 노력과 준비, 그리고 그것을 알아봐 주는 누군가의 믿음이 만나는 지점에서 시작된다는 것을! 그리고 그 순간을 놓치지 않는 용기가 있을 때, 우리는 비로소 새로운 세상을 만날 수 있다는 것을!

그렇다. 미래를 향한 준비는 배움과 익힘, 그리고 인내의 시간이었다. 절망의 끝자락에서 시작된 이 여정은 더 이상의 추락을 막는 단단한 디딤돌이 되어주었다. 그 시간이 있었기에 나는 더 이상 나락으로 떨어지지 않을 수 있었다. 절망의 끝에서 만난 희망은, 단순한 기회가 아닌 내가 쌓아온 모든 것들의 결실이었다.

03
한 선생님 이야기

언쟁은 말을 던지면서 시작되고
대화는 듣는 것으로부터 시작한다.

대로변으로 이사 온 지 몇 해가 지난 2010년 초여름의 어느 날이었다. 봄과 여름 사이의 경계가 모호해진 시기 두터운 겨울옷이 하루 아침에 반팔로 바뀌는 계절을 도둑맞은 듯한 날씨였다.

사람들은 점차 야행성 동물처럼 변해갔다. 뜨거운 태양을 피해 동굴 속처럼 어두운 실내에 숨어 있다가 시원한 밤이 되어서야 움직이기 시작하기 때문이다. 마치 도시의 생존을 위한 새로운 진화 과정 같았다.

그림자가 사라지는 저녁이면 거리는 갑자기 활기를 띤다. 타인의 시선에서 벗어나 홀로 있고 싶어 하는 사람들, 건강을 위해 운동하는 이들로 가득했다. 특히 야간 라이딩을 즐기는 자전거 동호인들이 갈

수록 늘어났다. 더위를 피하고, 혼자만의 시간을 가지며, 건강도 챙기고 싶은 현대인들의 욕구가 만들어 낸 풍경이었다.

내 자전거 대리점은 영산강변으로 가는 길목, 서창 들녘으로 나가는 입구에 자리 잡고 있었다. 위치가 좋아 매출도 괜찮았고, 수리와 정비를 원하는 손님들도 끊이지 않는다. 자전거를 사랑하는 이들의 만남의 장소라고 해도 과언이 아닌 장소다.

가게의 일과는 일반적인 리듬과는 달랐다. 저녁 10시까지 영업하다 보니, 점심은 오후 3시, 저녁은 밤 10시 이후로 밀려났다. 그렇게 나의 생활 패턴은 자연스레 야간형 인간으로 변해갔다.

그날도 늦은 점심을 마치고 한가롭게 차를 마시고 있을 때였다. 문득 한 젊은이가 매장으로 들어왔다. 갓 고등학교를 졸업한 듯한 모습이었지만 그의 등장은 평범하지 않았다. 회색 반팔 티셔츠에 검은 반바지 차림, 요즘 젊은이들에겐 필수품인 휴대전화도 들지 않은 채, 묵직한 발걸음으로 들어섰다.

보통 손님들과는 달랐다. 주인을 찾아 두리번거리는 대신, 마치 자기 집처럼 당당하게 자전거들을 둘러보았다. 키는 165cm 정도였지만, 반바지 아래로 드러난 허벅지와 종아리는 일반인의 두 배는 되어 보였다. 100kg이 넘어 보이는 체구에, 각진 얼굴, 검은 피부, 그리고 무표정한 얼굴이 범상치 않은 분위기를 자아냈다.

순간 긴장이 되었다. 그의 강인한 외모와 남을 의식하지 않는 듯한 태도는 자신만의 강한 개성을 여과 없이 드러내고 있었기 때문이다.

나는 본능적으로 조심스러운 마음이 들었다.

"어서 오세요."

내 인사에 돌아온 것은 차가운 목소리였다.

"뭘 좀 물어보려고 왔는데요."

감정이라곤 찾아볼 수 없는 사무적인 말투, 가늘고 높은 음색, 불필요한 형용사나 조사도 생략된 간결한 문장! 마치 조금이라도 마음에 들지 않으면 싸울 것처럼 느껴지는 말이 더욱 거슬렸다. 어색한 분위기를 누그러뜨리고자 최대한 부드럽고 농담을 섞어 응대했다.

"네, 물어보는 것은 공짜지만 도와주는 것은 돈 받습니다."

그런데 뜻밖의 반응이 돌아왔다.

"웃긴 사장님이시네요?"

웃기다는 말이 가시처럼 걸렸다. 만만해 보여서일까? 아니면 무시하는 걸까? 싸움을 걸려는 의도는 아닌 것 같았지만, 배려라고는 찾아볼 수 없는 직설적인 화법이 불편했다.

"자전거 좀 보려고요."

그의 시선은 오직 자전거에만 고정되어 있다. 보통 손님들처럼 이것저것 둘러보거나, 가격을 비교하거나, 디자인을 보는 대신 미리 조사해 보고 무엇을 살지 결정하고 온 듯 단도직입적으로 말한다.

"아저씨, 30만 원대 자전거 좀 보여주세요."

2010년 당시 30만 원대 자전거는 고가에 속했다. 평균 15만 원대를 고급으로 치던 시기였으니, 그의 거침없는 요구는 의외였다. 하지만 가격을 먼저 제시한 것으로 보아 분명 구매 의사가 있어 보이고,

대충 가격대도 알고 온 것이 틀림없다. 그를 자세히 관찰하며 자전거를 보여주었다.

"있습니다! 색상이 마음에 들지…"

이번에는 사무적인 말투로 대답했다.

"색상은 중요하지 않습니다. 실물을 보고 싶어요."

"지금 보고 계시는 자전거가 30만 원대 맞습니다."

진열된 자전거를 한참 뚫어지게 보던 그가 갑자기 말했다.

"똑같은 자전거 한 대 더 살 수 있나요? 반드시 똑같은 모델이어야 합니다."

의외의 요청이었다. 보통 같은 가격대의 자전거는 다양한 색상으로 출시되어 선택의 폭을 넓히는 것이 관행처럼 보급되는 구조였다. 그래서 같은 모델, 같은 색상을 두 대나 구비해 두는 경우는 드물었다. 이 특별한 손님의 의도가 궁금해졌다. 무언가 사연이 있을 것 같다는 생각을 하고 있을 때 다시 말을 걸어온다.

"아빠랑 같이 탈 거니까 같은 종류로 해주세요. 색상은 달라도 괜찮습니다."

청년의 말에 나는 창고를 확인해 보겠다고 답했다. 다행히 검정색 동일 모델이 한 대 더 있었다. 요즘은 화려한 색상이 트렌드지만, 당시에는 은색이나 검정색 같은 무난한 색상이 인기였다. 그래서 검정색 여유분의 재고가 있었던 것이 천만다행이라 생각했다.

"똑같은 모델 두 대가 있어서 다행입니다. 구매하시겠습니까?"

이 순간이 가장 긴장되는 시간이다. "네"와 "아니오"의 차이는 곧 매출과 직결되기 때문이다.

"조금 있다가 아빠랑 함께 오겠습니다. 팔지 말고 기다려 주세요."

청년은 말만 남기고 횡하니 사라졌다. 6시경에 온다는 약속을 받긴 했지만, 미심쩍은 마음을 떨칠 수 없었다. 그래도 약속은 약속이니 출고 준비를 시작했다. 자물쇠와 후미등을 서비스로 장착하고, 타이어 공기압, 변속기, 볼트를 꼼꼼히 점검했다. 광택도 내고 출고 장소로 옮겨두었다. 뒤도 돌아보지 않고 떠나는 모습을 떠올리며 의구심이 들었다.

'단순 구경만 온 건 아닐까?'

하지만 이내 마음을 긍정적인 결론으로 잡았다. 보통 이렇게 단호한 사람들은 구매 목적이 확실한 경우가 많았기 때문이다. 비싼 자전거를 너무 쉽게 두 대나 계약한 것 같아 걱정도 됐지만, 한편으론 기분이 좋았다.

보통 첫 방문에서 "다음에 올게요"라고 하는 손님들은 다시 오지 않는 경우가 대부분이었고, 가격 흥정도 없이 바로 결정하는 경우는 더욱 드물었기 때문이다. 물론 아직 실제 판매까지 이어진 것은 아니었다.

오후 6시경, 청년이 아버지와 함께 돌아왔다. 아버지는 아들보다 키가 더 크고 체격도 더 좋았다. 외모며 체격이며 틀림없는 부자였다. 하지만 이상하게도 둘 사이에 대화는 거의 없었다. 아버지가 아들에게 물었다.

"자전거를 타본 지 오래됐는데 탈 수 있을지 모르겠다. 어디로 갈래?"

"서창 들녘이나 다녀오시죠."

잠시 생각에 잠겨 있던 아버지가 결제를 마치고 두 사람은 말없이 자전거를 끌고 나갔다. 보통 손님들은 자전거에 대해 이것저것 물어보는데, 이들은 특이하게도 아무 말이 없었다. 여름이라 늦게 어두워지고, 더위는 한층 꺾이니 라이딩하기에는 좋은 시간이었다. "잘 다녀오세요"라는 인사를 건네며 그들을 배웅했다.

어둠이 깊어져 갈 무렵이니 저녁 8시쯤이었다. 두 부자가 자전거를 타고 집으로 향하는 모습이 보였다. 2시간의 라이딩을 마치고 돌아가는 그들의 뒷모습을 신호등 너머로 멀찍이 바라보았다.

당시에는 그저 평범한 손님들이라 생각했다. 하지만 다음날 오후 6시, 그들이 다시 자전거를 타고 서창 들녘을 향해 가게 앞을 지나간다. 말없이 눈인사만 건네고는 서창 들녘으로 달아나듯 달려 나갔다. 해가 저물 무렵이면 어김없이 신호등 앞에서 나란히 도로를 건너 집으로 돌아가는 뒷모습이 보였다. 그렇게 하루, 이틀… 매일 같은 시간에 그들의 라이딩은 계속되었다.

일주일쯤 지났을까? 부자가 매장을 찾아왔다.

"어두워서 위험했는데, 밝은 전조등 있나요?"

자전거용 충전식 라이트 두 개를 장착해 주자, 아버지가 조심스럽게 물었다.

"자전거를 타니 엉덩이가 너무 아픕니다. 좀 덜 아프게 타는 방법이 없을까요?"

자전거 안장을 바꾸면 괜찮아질까 싶어 물어본 말이 틀림없다. 처음 자전거를 타는 사람들이 겪는 '안장통'을 설명하며 위로했다.

"자전거 안장에 앉으면 좌골 아래 근육이 눌려 부기가 생기면서 통증이 수반합니다. 하지만 15일 정도면 자연스럽게 부기가 빠지면서 통증도 사라지니 며칠만 참아보세요. 저도 처음엔 안장통 때문에 자전거를 포기하고 싶었어요. 그 심정 잘 압니다. 조금만 더 견뎌보세요."

숙련자들은 통증이 올 때 자전거 안장에서 일어나 안장통을 순간순간 완화하지만, 초보자들은 그마저도 어렵다. 특히 여성분들은 일어서서 타기가 무서워 눈물을 흘리기도 한다. 15일이면 거짓말처럼 사라지는 통증이지만 그 시간이 영원처럼 느껴진다는 것을 잘 알고 있기 때문에 섬세하게 설명해 주었다.

상담을 마친 두 부자는 다시 서창 들녘으로 향했다. 뜨거운 햇살이 긴 그림자를 드리운 시간, 영산강의 시원한 바람을 가르며 힘차게 달려 나갔다. 그들의 그림자는 말없이 두 부자의 뒤를 따랐다.

서창 들녘은 여전히 옛 시골 풍경을 간직한 곳이다. 개발의 손길이 닿지 않아 도시보다 훨씬 시원했고, 밤이면 영산강이 신비로운 분위기를 자아낸다. 강에서 불어오는 바람은 어릴 적 시골 냄새를 떠올리게 했고, 저녁 구름이 비치는 강물은 포근한 솜이불 같았다. 멀리 송정역 부근의 가로등은 마치 밤하늘의 별처럼 반짝였다.

서창 들녘의 가로등은 자로 재단한 듯 반듯하게 놓여 있어, 보는 이의 마음까지 정돈되는 느낌을 주는 곳이다. 특히 가을이면 이곳은 더욱 특별하다. 코스모스와 억새 숲이 가을바람에 흔들리는 모습은 마치 자연이 연주하는 한 편의 교향곡 같았다.

자전거 동호인들 사이에서 '낚시터'로 불리는 곳이 있다. 승천보와 우리 매장의 중간 즈음에 위치한 이곳은 석양 명소로 유명했다. 지금은 해넘이 정자까지 생겨 더욱 운치 있는 쉼터가 되었다.

십오 일쯤 지났을까? 무더위가 기승을 부리던 어느 날이었다. 아버지가 혼자 찾아와 특별한 부탁을 한다.

"혹시 아들이 자전거를 수리하거나 문의하러 오면 아무 말 하지 마시고 해달라는 대로 해주시면 감사하겠습니다. 비용은 제가 다니면서 결제하겠습니다."

그러면서 내민 명함에는 '○○○중학교'라고 적혀 있었다. 그때 직감했다. 이들에게 무언가 특별한 사연이 있다는 것을 말이다. 평소 두 사람의 행동과 대화를 돌이켜보면 단순한 부자 관계는 아닌 듯했다. 묻고 싶은 마음이 간절했지만, 선생님의 어두운 표정과 조심스러운 말투를 보며 참았다.

일반적인 부자라면 서로 대화를 주고받았을 텐데 이들은 달랐기 때문이다. 대화다운 대화가 없었고, 간혹 나누는 말에도 불만과 서늘한 날이 서 있었다. 두 사람 사이에 흐르는 무거운 긴장감은 누구라도 느낄 수 있었을 것이다.

자전거를 탄 지 한 달이 지나자, 미묘한 변화가 감지되었다. 처음에는 앞뒤로 서서 각자 앞만 보고 달리던 두 사람이 어느 순간부터 나란히 달리며 대화를 나누는 모습이 보이기 시작했다. 그 미세한 변화가 눈에 들어온 것은 아마도 이들에 대한 호기심 때문이었을 것이다.

어느 무더운 밤, 열대야로 기온이 떨어지지 않아 땀이 비 오듯 쏟아지던 날이었다. 일찍 퇴근하려는 참에 선생님이 들르셨다. 약주 한 잔 하고 지나가는 길이라며 커피 한 잔을 청하셨다. 평소보다 더욱 진지한 어조에 왠지 모를 긴장감이 감돌았다.
선생님은 커피를 한 모금 마시고 나서야 말문을 열었다.
"감사해서 들렀습니다."
그의 진지한 어조에서 오늘은 뭔가 특별한 이야기가 있을 것 같다는 느낌이 들었다. 술기운으로 붉어진 얼굴이었지만 그의 표정은 무거웠으며, 마치 오랫동안 가슴에 묻어두었던 이야기를 꺼내려는 듯 말 한마디 한마디에 신중함이 묻어났다.
"편하게 말씀하세요."
내가 말머리를 열어주자, 그는 천천히 이야기를 시작했다. 그가 들려준 이야기는 지금도 잊을 수 없는 충격적인 내용이었다.
자전거를 구매하던 당시 아버지와 아들 사이에는 심각한 의견 충돌이 있었다고 한다. 아들은 기억력이 좋고 섬세한 면이 많은 아이로 소개하였다. 언제인지는 모르지만, 잦은 의견 충돌과 지나간 세월 속에서 서운했다는 아들의 투정이 늘어나더니 최근까지 지속되었다고 한다. 시간이 지날수록 그 투정은 심해져 대화를 거부하는 상태에 이르렀다고 이야기한다.

물론 아버지 입장에서는 원활한 대화를 하고 싶었지만, 기억에도 없는 서운함을 가지고 관심이 없다는 표현과 자식이라도 해서는 안 될 말이었는데, 기억도 못한다고 하며 추궁하듯 따지는 것을 보니 순간순간 화를 냈던 것도 있다고 말하였다.

아들은 점점 더 과거의 일들을 들추며 한 치의 양보도 없이 자기주장만 내세웠다고 했다. 실제로 나도 그 아들을 상대하면서 특별한 면을 발견했었다. 자전거 부품 하나를 고르더라도 완벽한 설명을 요구했고, 다른 제품과의 차이점까지 꼼꼼히 따졌다. 한 번 들은 설명은 절대 잊지 않았고, 새로운 제품이 나오면 이전 제품과의 객관적인 비교 자료까지 요구했다.

특히 잊지 못할 일이 있었다. 새벽 3시, 광주광역시청 근처에서 자전거 펑크가 났다며 전화가 왔다. 잠결에 일어나 현장에 가보니 혼자서 횡단보도 앞에 앉아 있었다. 수리를 마치고 출장비를 청구하자 A/S를 약속했다며 따지듯 물었다. 결국 다음날 아버지께 연락드려 출장비를 받았다.

이런 경험들을 떠올리니, 지금 선생님의 말씀이 더욱 이해가 갔다. 아들은 모든 것을 자기만의 기준으로 판단했고, 그것이 부자간의 잦은 갈등 원인이었다고 이야기한다.

"그렇군요."

내가 조심스레 답하자, 선생님은 계속 이야기를 이어간다.

"아들과 대화를 시도할 때마다 서운한 감정만 들추어내다 보니 나도 방어적인 어투와 언성이 높아지더군요. 그러다 보니 소통이 되질 않았고, 대화는 결국 말다툼으로 끝나는 감정 소모만 되었습니다."

그렇게 반복되는 대화의 실패는 서로 간의 귀를 닫게 했으며, 주장만 남기는 허무한 결말만을 초래했다고 한다. 여러 해에 걸쳐 실타래처럼 얽혀버린 갈등은 풀 수 없는 지경에 이르렀고, 결국 포기 상태에 이르렀다고 했다. 그래서 자전거를 구매하던 날 두 사람 다 무표정하고 말이 없었나 보다.

선생님의 이야기 중간중간 새어 나오는 한숨과 침울한 표정, 무거운 목소리에서 오랜 시간의 아픔이 느껴졌다. 그 깊은 상처를 온전히 이해할 순 없었지만, 그 고통만큼은 충분히 전해졌다. 지금 내가 할 수 있는 일은 그저 그의 이야기를 경청하는 것뿐이었다.

마지막으로 선생님은 특별한 부탁을 했다. 아들이 와서 무슨 말을 하더라도 그저 들어주기만 해달라는 것이었다. 혹시 모를 서운함이나 금전적 문제는 자신이 책임지겠다고 거듭 당부했다.

여름이 지나고 가을이 왔고, 두 부자의 야간 라이딩은 계속됐다. 지켜보는 나의 눈에도 서로 바라보는 눈이 달라져 있었다. 좋은 부자가 아닌 불안한 편견의 시선으로 바뀌어 있었던 것이다.

가을의 서창 들녘은 억새의 향연으로 더욱 아름다웠다. 사람 키를 훌쩍 넘는 억새들이 만들어 내는 은빛 물결은 그 어느 곳과도 비교할 수 없었다. 자전거를 타고 억새 숲을 지날 때면, 특유의 가을 향기와 바람에 흔들리는 억새의 소리가 마치 구름 위를 나는 듯한 황홀감을 선사했다.

자전거를 판 지 5개월쯤 지났을 것이다. 쌀쌀한 저녁 공기가 느껴지는 계절이 되었다. 당시는 자전거 붐이 일어나지 않았던 때라 겨울이면 손님이 뜸했기 때문에 자전거 업계에서는 겨울을 휴가철처럼 여기던 시기였다.

해가 저물어 매장 정리를 하고 있을 때 한 선생님이 들러 차 한 잔을 나누자고 했다. 이런저런 이야기 끝에 그가 불쑥 말한다.

"사장님이 은인이십니다."

처음에는 '감사하다'던 표현이 몇 개월 만에 '은인'이란 말로 바뀌었다. 그의 목소리는 한결 밝아졌고, 대화도 편안해졌다. 분명 부자간의 관계에 긍정적인 변화가 있었음이 느껴졌다.

부자간의 관계 변화가 긍정적으로 흘러가고 있음을 짐작했지만, 나는 처음 듣는 이야기처럼 대화를 이어갔다.

"무슨 사정인지는 잘 모르지만, 사연이 깊은 듯합니다."

두 사람 사이에 풀지 못한 마음의 상처가 깊다는 것은 알지만, 더 힘든 상황이 있지 않을까 하는 추측을 했기에 궁금증을 내 마음에 묻어두어야 해서 어떠한 말도 물어볼 수가 없었다.

하지만 '은인'이란 표현에서 이제는 조심스레 물어봐도 되겠다는 확신이 들었다. 그 말에는 힘든 시련을 극복했다는 의미가 담겨 있었기 때문이다.

"그 당시 어떤 일이 있었는지 모르시죠?"

"네, 듣고 싶습니다."

한 선생님은 깊은 한숨을 내쉬고 이야기를 시작했다. 평소와는 다른 깊은 호흡이었다. 그 길고 깊은 호흡 뒤에 안도하는 느낌이 다가왔다.

"자전거를 사던 날, 그날은 마지막 대화를 나누고 모든 것을 정리하려 했던 날이었습니다."

순간 섬뜩한 그의 말에 나는 온 신경을 집중하고 귀를 기울였다.

"대학교 1학년인 아들과 수년간 의견 충돌로 이제는 지쳤고, 해결의 기미도 보이지 않았죠. 아내에게는 모든 유산을 정리한 긴 편지를 써두고 친정에 가서 며칠 쉬다 오라고 보냈습니다. 물론 제 극단적인 결심은 모르게 했죠."

"자전거 사던 날 거실 커튼 뒤에 알루미늄 야구 방망이를 숨겨두었습니다. 혹시 모르니 칼도 준비했고요. 아들과 마지막 대화를 나눈 뒤, 도저히 안 되겠다 싶으면…"

잠깐 쉬었다가 말을 이어간다.

"함께 죽어야겠다고 마음먹었습니다. 그래서 낮에 아들에게 전화했지요. 저녁에 술 한 잔 하자고…"

나는 말을 잇지 못했다. 그의 굳은 표정과 미간에 깊게 패인 주름에서 그동안의 고통과 고뇌가 그대로 전해져 왔다.

"그런데 뜻밖에도 아들이 이상한 말을 걸어왔습니다."

"아빠, 우리 자전거 타실래요?"

"어이가 없었지만, 하루 미뤄진다고 달라질 것은 없다고 생각했죠.

그래서 그러자고만 했습니다."

그제서야 이해가 됐다. 처음 만났을 때 두 사람의 무표정과 침묵, 그리고 그 이상한 긴장감의 묘한 기운이 다시금 생생하게 떠올랐다.

"처음 자전거를 타고 집으로 돌아와서 이야기를 하려 했는데 들어오자마자 아들이 피곤하다며 내일 이야기하자고 했습니다. 나도 피곤하였기 때문에 긍정적으로 받아들였지요. 내일 이야기한다고 달라질 것은 없겠지 생각하고 각자 방으로 들어갔습니다. 다음날 퇴근해서 집으로 돌아가는 길에 오늘은 모든 것을 마무리 지어야겠다고 다짐하고 집에 가보니 아들이 자전거 타자고 기다리고 있더군요. 마치 최면에 걸린 것처럼 따라나섰고, 그 다음날도, 또 그 다음날도 계속됐습니다. 어느새 자전거 타기는 우리의 일과가 되었고, 누가 먼저랄 것도 없이 서로를 기다리게 됐습니다."

며칠이 지나자 아들이 먼저 말을 걸어왔다고 했다.

"엉덩이가 너무 아픈데 아빠는 어떠세요?"

"서로 아프다는 이야기를 나누다가 안장 때문인가 싶어 김 사장에게 가서 편안한 안장으로 교체하자고 의견을 일치시키고 매장에 왔었어요."

순간 기억이 났다. 안장통에 관한 설명을 해주었던 기억이 말이다. 나의 안장통에 대한 설명을 듣고 그는 야간 라이딩을 위한 전조등, 자전거용 장갑 등도 구입하였다고 한다. 그리고 이 의견 일치는 몇 년 만에 성사된 두 사람 사이의 첫 번째 의견 일치였던 것이다. 자기의 주장만을 하다가 제3의 주제로 의견 일치를 보았으니 당사자들도 신기했을 것이다.

"자전거 타면서 대화는 어떻게 하셨나요?"

내가 조심스레 물었다. 감정이 단절된 부자지간의 대화를 어떤 방식으로 풀어냈는가가 궁금하여 물어본 질문이었다.

"처음엔 티격태격 싸우기만 했죠. 그런데 신기한 것은 가끔씩 공통된 말이 나오더군요. 자전거에 대한 이야기요. 그 이후로도 계속 반복되었지요. 싸우다 자전거 이야기하다, 또 싸우다 자전거 이야기하다를요."

기억을 되살려 보려는 듯 순간 순간 멈추는 눈동자가 과거의 사진첩을 보려는 듯 허공을 보며 말을 이어간다.

"이상하게 매일 밤 자전거를 타러 나갔습니다. 극단적인 선택을 준비했던 것도 잊은 채, 그저 영산강변을 따라 페달을 밟았죠."

잠시 커피를 마시며 생각에 잠겼던 한 선생님이 다시 입을 열었다.

"신기한 건, 어느 순간부터 대화가 달라졌다는 겁니다. 늘 자기주장만 하던 아들이 자전거 이야기를 하면서 변하기 시작했어요."

"안장통은 괜찮으세요?"

"아들이 물어올 때는 정말 놀랐습니다. 처음으로 나를 걱정해 주는 것 같았거든요. 자기 생각만 하던 아이가 아빠를 먼저 생각해 주는 순간이었죠."

"난 괜찮은데 넌 어때?"

"처음 며칠은 힘들었는데 지금은 괜찮아요."

"정말 나를 걱정해 준 게 맞구나 싶어서… 참 이상한 기분이었습니다."

"이렇게 매일 타니 살이 빠진 것 같다. 이참에 몸 관리 좀 해야겠는데…"

"좀 빠지신 것 같아요. 저도 군대 가기 전에 체력도 키우고 살도 좀 빼고 가야겠습니다."

일방적인 주장만 하던 아들이 이제는 대화를 주고받기 시작했다는 것이다. 이야기를 들려주시는 한 선생님의 얼굴에 잔잔한 미소가 번졌다. 아마 행복한 순간이 떠올라 그런 것 같다. 잠시 멈췄던 말을 이어간다.

"저도 모르게 가슴이 따뜻해졌습니다. 참 신기합니다."

커피를 한 모금 더 마시던 선생님이 허공을 바라보며 말을 이어갔다.

"온갖 방법을 동원해도 좁히지 못했던 간극이 자전거 하나로 이렇게 달라지다니요."

이후 두 사람은 어디로 갈 것인지, 몇 시간 탈 것인지 이런저런 이야기의 주제가 바뀌면서 공격을 하기 위한 화살 같은 말이 염려와 걱정이 섞인 다정하고 따스한 노래로 변했으며, 공격과 방어로 상처 입었던 모든 것이 촛농처럼 녹아 사라져 버렸다고 한다.

자전거를 구입하고 3개월쯤 지났을 때, 선생님은 숨겨두었던 야구 방망이와 식칼을 버렸다고 한다. 하루하루 대화가 쌓이면서 극단적인 감정이 눈 녹듯 사라졌기 때문이었다고 말한다.

"만약 그때 자전거를 사지 않았다면, 지금쯤 어떻게 되었을지 상상도 하기 싫습니다."

이것이 바로 그가 나를 '생명의 은인'이라 부른 이유였다. 동반 자살까지 생각했던 부자간의 갈등이 자전거라는 매개체를 통해 해소되기 시작했고, 함께 자전거를 타며 서로를 걱정하고, 조언하고, 배려하는 시간이 쌓이면서 서로를 미워하는 게 아닌 서로가 아팠다는 것을 이야기했음을 알게 되었다고 했다.

나는 단순히 물건을 판 것뿐인데, 누군가에게는 그것이 인생의 전환점이 될 수 있다는 사실에 새삼 놀랐다. 이 부자에게는 대화의 실마리가 필요했고, 자전거가 그 열쇠가 되어준 것이다. 만약 이 자전거라는 공통 분모가 없었다면 지금쯤 어떻게 되었을까?

문득 깨달았다. 우리는 종종 자신의 생각이 옳다고 믿지만, 그것은 단지 수많은 관점 중 하나일 뿐이라는 것을 말이다. 언쟁은 말을 던지면서 시작되고, 대화는 듣는 것으로부터 시작한다는 것을 그들을 통해서 알게 되었다.

그동안 두 사람은 각자의 화살만 당기며 자기 의견을 관철시키려 했지만, 자전거를 타면서 서로의 고통과 힘든 상황을 경청하였고 공감대가 형성되었던 것이다. 그 공감은 관심 어린 표현으로 이어졌고, 진정한 대화의 물꼬가 트이기 시작했던 것 같다.

선생님을 배웅하고 난 후에도 한참을 자리에서 일어날 수 없었다. 지난 몇 개월간의 부자의 모습이 눈앞을 스쳐 지나갔기 때문이다.

'얼마나 고통스러웠으면 극단적인 선택까지 준비했을까? 그리고

그 사실도 모른 채 아들은 왜 갑자기 자전거를 타자고 했을까? 운명이었을까요?'

지금은 선생님도 교직 생활을 잘하고 계시고, 아들도 군 복무를 마치고 직장에 잘 다니고 있다고 한다. 무엇보다 둘도 없는 친구 같은 부자지간이 되었다는 소식을 들을 때마다, 그때의 기억이 필름의 한 장면처럼 스치듯 지나간다.

자전거가 한 가정을 지켰다기보다는 그 순간 두 사람의 공통 분모가 자전거가 되어주었던 것이다. 그들은 그 공통 분모를 만들었을까요? 아니면 찾았을까요? 중요한 것은, 어려운 상황에 부딪혔을 때 너무 열정적으로만 극복하려고 하면 안 될 것 같다. 해결책이 보이지 않을 때는 한발 물러나서 공통 분모를 찾아보는 것도 좋을 것 같다.

자전거가 아니어도 좋고, 음악이나 여행, 운동도 좋다. 함께 무언가를 찾아보는 그 과정 자체가 중요한 것 같다. 감정이 고개를 숙일 수 있는 시간 동안 말이다.

04
뒷골목 아이들

음지와 양지를 이어주는 다리를
만들어 주는 것은 어른들의 몫이다.

자전거 판매장에서 100m 정도 떨어진 곳에 운리중학교가 있다. 운리중학교는 내 자전거 판매장에서 왕복 4차로만 건너면 바로 보이며, 매장 주변은 상가와 원룸촌이 형성되어 있고, 아파트 단지와는 200여 m 떨어져 있다.

아파트 단지 주변에는 화개중학교가 있다. 두 중학교 모두 남녀공학이며, 평지에 위치해 있고, 이 두 학교 사이에 내 자전거 판매장이 자리 잡고 있다. 그래서인지 차량 통행도 적고, 학교까지의 거리가 적당해서 남학생들 중 자전거로 통학하는 아이들이 꽤 많다.

자전거를 이용하는 학생들은 나를 모를 수 없을 정도로 한두 번씩은 들리는 정거장 같은 곳이다. 그러다 보니 자연스레 이름도 알게 되고, 친해진 아이들도 생겼다. 그중에서도 용준이, 지석이, 상현이는 특별한 사이가 되었고, 고마운 친구들이었다. 13살 때부터 알게 되어 지금까지도 관계를 이어오고 있기 때문이다.

며칠 전 이 세 친구와 저녁식사를 하면서 나이를 물어보니 벌써 28살이라고 한다. 많이 놀랐다. 중학교 1학년이던 조그마한 아이들이 군대를 다녀와 어엿한 성인이 되어 있었지만, 나는 지금도 그때의 어린 모습을 마음속에 간직하고 있어서 더욱 놀라웠다.

그 친구들 중 용준이는 학창 시절부터 모범생이었다. 행동뿐만 아니라 성적도 전교 상위권으로 모든 일에 열심히 하는 친구였다. 매사에 호기심이 많고, 침착하며, 논리적인 성격을 지녔다. 그리고 선한 얼굴에, 토실토실하고 둥근 얼굴형에, 하얀 피부를 가졌으며, 차분하면서도 또박또박 말하는 스타일이다.

지석이는 얼굴도 크고, 피부는 검은 편이었으며, 학업 성적은 무난하게 유지했다. 키가 크고 근육질 체격에 가슴이 떡 벌어져 처음에는 운동선수인 줄 알았다. 신기하게도 거친 외모와 달리 지석이는 독서를 좋아해서 늘 책을 가지고 다녔다.

대화할 때면 모든 말에 한 박자 늦게 대답하는 지석이는 말 한마디 한마디를 신중하게 고르는 듯했다. 그래서인지 "그럴 것 같습니다." 아니면 "이런 게 아닐까요?"라며 말을 확실히 매듭짓지 않았다. 가끔은 중학생답지 않은 말투가 답답하기도 했지만, 지석이의 성격이라 이해했다.

마지막 친구는 상현이다. 이 친구는 중학교 1학년 때부터 기타를

들고 다니며 공부보다는 음악을 전공하고 싶어 했다. 키가 160cm 정도로 지석이의 동생처럼 보였고, 통통한 체형에 검은 피부를 가졌다. 항상 밝은 목소리로 대화하고, 자기 주관이 뚜렷하며, 겉으로는 리더 역할을 했다.

실제로는 용준이의 의견이 더 많이 반영됐지만, 추진력과 사람을 아우르는 매력이 있는 친구다. 이 친구는 영암면 소재지가 고향인데 음악 학원에 다니기 위해 광주로 유학 온 친구다.

부모님은 영암군에서 식당을 운영하시며 큰아들 상현이를 뒷바라지하고 계셨다. 음식 솜씨가 좋으신 부모님 덕분에 영암 읍내에서는 알아주는 맛집이라고 자랑도 많이 한다.

가끔 상현이가 부모님이 직접 만드신 손두부를 가져와서는 "아저씨 드세요. 엄마가 갖다 드리래요." 하며 비닐봉지에 든 수제 손두부를 내밀곤 했다. 이 세 명은 중학교 1학년 때부터 단짝이 되어 지금까지도 만나는 깊은 우정을 가진 친구들이다.

첫 인연은 중학교 1학년 때 용준이가 통학용 자전거를 구매하면서 시작됐다. 입학식이 끝나고 며칠 뒤였을 것이다. 아직 쌀쌀한 날씨였는데 용준이가 친구 한 명을 데리고 왔다.

"제 친구인데 자전거 사고 싶다고 해서 데리고 왔어요."

이렇게 소개한 친구가 상현이었다. 그날은 용준이가 탄 것과 같은 자전거를 구경만 하고 돌아갔다. 다음날 상현이가 부모님과 함께 매장을 찾았다. 상현이 아버지는 "좀 더 좋은 자전거를 사주고 싶다"며

용준이의 자전거보다 비싼 것을 구매하셨다. 며칠 후에는 지석이도 부모님과 함께 와서 자전거를 샀다. 이렇게 세 명은 자전거 통학생이 되었다.

그때까지만 해도 이 친구들과 오래 인연이 이어질 줄은 몰랐다. 그저 어린 손님으로만 생각했는데 내 예상이 완전히 빗나갔다. 당시는 자전거 붐이 일어나던 시기였지만, 눈에 띄는 변화보다는 가끔 고급 자전거가 보이는 정도의 과도기적 시기였다. 어린이들의 놀이기구나 중학생들의 통학용에서 운동용이나 레저용으로 바뀌어 가는 전환점이었다.

그때는 학생들이 통학이나 놀이용으로 자전거를 주로 이용하던 때라 손님 대부분이 학생들이었다. 가끔 내가 골목대장인가 하는 생각이 들 정도였다.

"수업 끝났니?"

"오늘은 혼자 왔네."

이렇게 가볍게 인사할 정도였다.

겨울이 왔고, 그 세 명은 추운 날씨에도 자전거로 통학했다. 위험하니 그만 타라고 했지만 "괜찮아요"라며 방학 때까지 계속 자전거로 통학을 할 정도로 자전거 매니아였다.

그들은 잠시도 떨어지지 않고 한 해 내내 함께 다녔다.

'친하게 지내는 모습이 참 보기 좋구나.'

이렇게 생각하며 1년이 지나갔고, 다시 봄이 되어 자전거를 타는 사람들이 늘어났고, 개학과 함께 자전거 통학이 시작되면서 새로운 변화가 생겼다. MTB 자전거가 눈에 띄게 늘어났으며, 생활용 자전거는 서서히 줄어들기 시작했다. MTB(산악자전거)가 거의 주를 이룰 정도로 거리를 활보하던 시기였다.

아이들의 전유물 같았던 자전거가 어른들의 운동용으로 사용되면서 학생들 자전거도 고급화되어 가격도 상승했다. 특히 학생들 사이에서는 하이브리드 자전거(생활용과 도로용을 합친 자전거)를 선호했는데, 디자인이 세련되고 속도도 빨라서 인기가 많았다.

매장을 운영하는 입장에서 신상품(하이브리드 자전거)을 보았을 때 조심스러웠다. 자전거 디자인은 혁명적 수준이었고, 가격대가 20만 원대로 올라 학생들에게 부담될 것 같았기 때문이다. 학생이 선택하고 부모님이 지출한다는 것을 나중에 알게 되었지만, 당시에는 학생들의 부담을 걱정하며 조마조마했던 기억이 난다.

용준이, 지석이, 상현이도 유행을 따라 중고가의 자전거로 바꿨다. 하지만 이들은 하이브리드보다는 안정성과 승차감을 중요하게 생각하여 생활형 MTB 형식의 자전거로 업그레이드했다.

이처럼 선한 느낌을 주는 세 친구가 있는가 하면, 반대 성향의 십대들도 많았다. 그 중학생들의 학년도, 사는 곳도, 환경도 알 수 없었다. 인사를 나눈 적도 없고, 개인적 관계도 없었지만, 그들은 나에게 갈등과 고뇌를 안겼다. 신경 쓰지 말아야 한다고 생각했지만, 내 원칙에서 벗어난 행동들이 눈에 거슬렸다.

그들이 자주 모이는 곳은 원룸촌 주차장 안쪽이었다. 매장 뒷문으로 슈퍼를 가는 길목이라 피하고 싶어도 보일 수밖에 없었다. 그들의 행동을 이해하려 노력했지만, 떠난 후 남긴 흔적들이 내 마음을 무겁게 했다.

원룸 주차장에서 깔깔거리고, 가래침 뱉고, 욕설하는 소리가 들렸고, 떠난 자리에는 가래 흔적과 쓰레기, 담배꽁초가 흉하게 남았다. 도로변에서 보이지 않는 곳이라 얼굴은 몰랐지만, 그들에 대한 시선이 곱지 않다는 것을 그들은 알까? 왜 사람들 시선을 피해 숨어 있을까? 남긴 흔적들이 그들에 대한 평가를 나쁘게 한다는 것을 모를까?

건물주가 붉은 글씨로 써놓다.

'흡연금지, 담배꽁초 투기금지, 외부인 출입금지, CCTV 설치…'

얼마나 힘들었을까? 하지만 그들에게도 유행은 찾아왔다. 하이브리드 자전거의 등장은 그들의 시선을 사로잡았고, 예쁘고 날렵한 디자인은 매력적으로 보였던 게 확실하다.

한 명이 타기 시작하면 다음날엔 서너 명, 그 다음날엔 열 명이 타고 등교했다. 유행은 빠르게 퍼져 매출은 늘었지만, 공급이 부족해 예약 순서대로 판매한다는 안내문을 붙일 정도였다. 그렇게 유행이 번지면서 놀라운 변화가 생겼다. 자전거 통학생들이 급격히 늘어난 것이다.

성인들 사이의 운동용 자전거 고급화 바람이 학생들 사이에서도 그들 수준에 맞게 불었다. 정부 차원에서도 자전거 활성화 사업이 진행되었다. 자전거 전용도로, 4대강 자전거길, 자전거 행사 등 다양한 방면에서 자전거 교통수단 분담률을 높이기 위한 정책이 추진되었다. 덕분에 자전거 문화도 큰 변화의 시기를 맞이했다.

여름방학이 시작되어 더위가 기승을 부리던 어느 주말이었다. 아침 일찍부터 6~7명의 남학생들이 자전거 타러 간다며 공기압 점검, 체인 오일 주입, 타이어 마모도 점검을 위해 매장을 찾았다.

내가 고등학교 1학년 때 시골 친구 대진이와 자전거 하이킹을 간 적이 있다. 당시 영산포 읍내(현 나주시)의 자전거포에서 로드형 자전거를 3천 원씩 주고 하루 빌렸다. 그때는 신작로[2]를 따라 영산포에서 봉황면 소재지, 세지면 소재지를 거쳐 다시 영산포로 돌아오는 코스로 하이킹을 했다.

심한 갈증에 비포장도로라 미끄러움도 심했고, 자갈과 모래로 된 길이라 승차감도 최악이었다. 중간중간 쉬어가긴 했지만 힘들었고, 왜 왔을까 후회도 많이 했었다. 대진이에게는 내색하지 않았지만, 혼자 많은 고민을 하며 힘들었던 기억이 난다.

약 30km 거리를 달리는 데 5시간 정도 걸렸던 것 같다. 두 번 다시는 자전거를 타지 않겠다고 속으로 다짐했었다. 대여 자전거를 반납하는 순간 '끝났다'는 생각에 무척 기뻤다.

시간이 흐르고 문득문득 그때 하이킹 갔던 대진이가 그립고, 그 고생담을 영웅담처럼 이야기하는 내 모습을 보며 놀라곤 한다. 신기하게도 즐거웠던 추억보다 힘들고 고통스러웠던 시간이 기억에 오래

---

2   신작로 : 자갈과 모래로 만든 비포장도로를 말한다.

남고, 그것이 추억으로 바뀌는 순간 더욱 즐겁고 행복한 기억이 되는 것 같다.

"고통 뒤에는 반드시 달콤하고 탐스러운 열매가 열린다."

이 말이 생각난다. 맞는 말이다. 당시의 힘들고 고통스러웠던 기억이 지금은 즐거운 추억이 되어 나에게 행복을 주지 않는가? 5시간의 고통이 평생 간직할 행복한 추억거리가 될 줄은 그때는 상상도 못했다.

지금까지의 삶도 매 순간은 고통스러웠지만 지나서 보니 모두 행복한 추억이 되는 과정과 같다는 것을 알 수 있다. 그때 '다시는 자전거를 타지 말아야지.' 했던 내가 지금은 자전거 판매장을 운영하게 될 줄 누가 알았겠는가?

지금 이 아이들의 흥분과 기대감은 고1 때의 나와 같을 것이다. 정비를 받으러 온 뒷골목 아이들은 승촌보까지 다녀오겠다고 했다. 그 무리에는 고등학생, 중학생, 심지어 초등학교 6학년생까지 섞여 있었다.

같은 지역에서 어울리는 형, 동생이라며 새벽부터 서둘러 준비해 점검받으러 온 것이다. 아이들의 표정이 한결같이 밝았다. 이들은 분명 강요나 지시 없이 자발적인 호기심과 자전거 여행에 대한 기대감만을 품고 온 것 같았다. 들뜬 목소리로 승촌보 이야기를 나누는 모습에서 그들의 마음을 읽을 수 있었다.

정비를 마치고 출발하는 아이들에게 말했다.

"조심해서 다녀와라."

"감사합니다. 잘 다녀오겠습니다."

참 보기 좋았다. 이 학생들이 자전거 여행을 가지 않았다면 지금쯤 컴퓨터나 휴대폰을 하고 있었을 텐데 하는 생각이 들었고, 옛 추억이 떠올라 내 가슴도 설렜다.

그들은 오늘 영산강의 강물 냄새, 들풀과 억새 냄새를 맡고 자신을 돌아보는 여유와 평범한 일상의 소중함을 자연스레 깨닫고 돌아올 것이다. 뒷골목 아이들의 오늘 하이킹은 먼 훗날 행복한 추억이 되어 함께했던 이들의 마음속에 남을 것이다.

그날은 2팀 정도가 하이킹을 떠났고, 다음 주에도 2~3팀이 출발했다. 이렇게 자전거의 긍정적인 면에 긍지와 자부심을 느끼게 될 줄은 상상도 못했는데 "보기 좋다"는 말로는 표현하기가 너무 아깝게 느껴진다.

그해 여름방학과 주말이면 어김없이 자전거 여행을 떠나는 학생들을 자주 보았다. 방학 때는 2박 3일로 완도까지 가는 그룹도 있었고, 목포까지 다녀오는 학생들도 종종 있었다.

한편 용준이, 상현이, 지석이는 중학교를 졸업하고 각자 다른 고등학교에 진학했지만, 주기적으로 연락하며 만남을 이어갔다. 만남의 장소는 늘 우리 매장이었다.

고등학교 1학년 여름, 용준이 일행은 영암이 고향인 상현이네 할아버지 댁으로 자전거 여행을 계획했다. 그해 여름은 36도를 오가는 맹더위였지만, 고등학생다운 현명한 계획을 세웠다. 새벽 일찍 출발해서 더워지기 시작할 때 도착하자는 계획이었다.

하지만 세상일이 뜻대로 되던가? 계획은 반만 성공했다. 일찍 서두르긴 했으나 언덕이 많고 쉬는 시간이 길어져 정오가 지나서야 도착했다고 한다.

그들의 말로는 자전거를 버리고 집에 갈까 하고 의논도 많이 했다고 한다. 진심으로 버리려 했던 건 아닐 것이다. 그들이 타던 자전거는 또래 아이들 것보다 좋은 사양이었고, 중학교 졸업할 때까지 자전거로 통학할 만큼 자전거를 좋아했기 때문이다. 그만큼 덥고 힘들었다는 뜻일 것이다.

할아버지 집은 영암의 산속 입구에 있었고, 바로 옆으로 산에서 내려오는 맑은 계곡물이 흘렀다. 그들은 점심도 잊은 채 계곡으로 달려가 더위를 식히며 3일간 놀다 왔다고 재미난 추억담을 들려주었다.

그렇게 그들은 고등학교를 졸업했다. 용준이는 서울의 대학으로 진학했고, 지석이는 물리치료사인 아버지와 상의 끝에 물리치료학과에 진학했으며, 상현이는 실용음악을 위해 일본으로 갔다. 방학 때마다 셋은 일본에 있는 상현이를 찾아가 10일씩 지냈다고 한다. 보기 좋고 만나면 행복해지는 친구들이라 지켜보는 나도 기분이 좋다.

그들은 고등학교 졸업 후에도 기회가 있을 때마다 내 매장에 들렀다. 군대 입대할 때도, 명절에도 들렀고, 지금도 서로 안부를 묻고 있다. 이런 게 행복인가 보다.

15년이란 시간 동안 아이 같던 친구들이 성인이 되어서도 잊지 않고 우정을 나누며 나를 기억해 주니 너무 감사하고 고맙다. 항상 감사하다. 우리 어린 친구들이 멋진 성인이 되어서 말이다.

뒷골목 아이들은 어찌 되었는지 지금은 모른다. 계속 자전거를 타는지, 이사를 갔는지 알 수 없다. 확실한 것은 원룸 주차장 쪽에서 가래침 뱉는 소리나 욕설, 담배 피우는 아이들이 더 이상 보이지 않는다는 것이다.

항상 그곳을 지날 때면 좋고 행복한 기운보다는 인상을 찌푸리게 하고 마음의 짐을 더해 주던 그곳이 지금은 평범한 주차장으로만 보인다. 어쩌면 그들에게 놀 수 있는 장소를 만들어 주지 못한 어른들의 책임이 크다고 생각한다.

항상 "이건 안 돼", "저것도 안 돼" 하면서 어른들의 기준과 지도라는 명분으로 지시만 했기에, 그들이 눈치 볼 필요 없는 자신들만의 공간을 찾아 숨게 되고, 그들만의 세상에 갇히게 된 것이 어른들의 잘못은 아니었을까 생각해 본다.

자전거를 타기 시작한 후, 그들은 자신들만의 아지트와 소통 공간에서 벗어나 사람들 사이로 당당히 들어오지 않았을까 하는 생각이 든다. 어쨌든 그들만의 양지가 생겼다. 자전거로 인해 그들의 세상이 무한히 넓어진 것은 사실이다. 그 젊음을 뒷골목이 아닌 들판과 영산강에서 마음껏 표현할 수 있게 된 계기가 자전거였다고 생각한다.

용준이 일행이나 뒷골목 아이들이나 그들은 내 마음에 행복을 주었고, 자전거 판매장을 운영하는 나에게 금전적 이익보다 더 큰 사명감과 깨달음을 준 소중한 사람들이다. 그들은 나에게 새로운 방향을 제시해 주는 또 다른 명분을 만들어 주었고, 많은 영향을 준 친구들이다. 참으로 감사하다.

뒷골목 아이들에게 자전거는 음지에서 양지로 건너갈 수 있는 다리 같았다. 그 다리가 더 많은 곳에 생겨나 많은 아이들이 건널 수 있었으면 좋겠다는 생각을 해본다. 금지보다는 가고 싶은 길을 열어주는 것이 어른들의 몫일 것이다.

05
명진이 이야기

운동을 하면 '의무'가 되지만
즐기면 '힐링'이 되더라.

자전거 산업의 패러다임 변화는 다양한 국면을 보여주었다. 나는 그 변혁의 중심에서 급격한 시장 변화에 적응해야 하는 도전을 직면하게 되었다.

자전거 업계에 첫발을 디뎠을 때는 일본식 용어와 실용적인 생활형 자전거가 주류였으나, 프리미엄화 시대로 진입하면서 영미권 전문 용어와 고성능 부품, 첨단 공구들로의 전환이 불가피해졌다. 생경한 전문 용어와 복잡한 부품 구조, 혁신적인 사용법을 접하면서 내면의 불안감은 증폭되었다. 이는 기존의 생활형 자전거와는 차원이 다른 세계였기 때문이다.

이러한 상황에서 고급 자전거에 대한 전문적인 지식 습득이 절실해졌다. 당시 광주광역시에는 고급 자전거 정비를 전문으로 하는 업체가 단 세 곳에 불과했는데, 이들마저도 최근 몇 년 사이 매출 신장을 위해 고급 자전거 정비 기술을 습득한 상황이었다.

과도기적 시기였던 만큼 나에게도 중대한 결정이 필요했다. 차근차근 학습할 것인지, 즉각적으로 프리미엄 시장에 뛰어들 것인지, 아니면 기존의 생활형 자전거 시장을 고수할 것인지를 심사숙고해야만 하는 현실에 직면하게 된 것이다.

창업 초기와는 달리, 기존 사업자가 새로운 변화를 수용하는 것은 신중히 고려해야 할 사안이었다. 생활형 자전거 판매는 소규모 자본으로도 운영이 가능했지만, 고급 자전거는 그 수십 배의 초기 투자가 요구되었다. 더불어 현대적이고 세련된 매장 인테리어도 필수적이었다. 소상공인으로서 재정적 부담이 상당했고, 새로운 전문 용어와 첨단 부품, 정밀 공구들에 대한 적응도 큰 과제로 다가왔다.

특히 기존의 일본식, 한국식 용어에서 영어권 용어로의 전환은 나에게 더욱 혼란을 가중시켰다. 일례로, 스프라켓(영미권 용어)은 일본식으로는 '후리', 통상적으로는 '기어'로 통용되었는데, 갑작스럽게 '스프라켓'이라는 생소한 명칭을 사용하게 되면서 마치 혁신적인 신기술처럼 느껴졌다.

첨단 정비 공구들도 낯설었고, 잘못된 취급으로 인한 손실이 우려되었다. 전문 서적과 교육 영상을 통해 학습할수록 전문 용어의 차이로 인한 심리적 부담은 가중되었다.

그러던 중 자전거 정비 전문가 양성 과정을 발견하고 수강을 결심했다. 2주간의 전문 교육을 이수한 후 깨달음을 얻었다. 결국 자전거의 근본 메커니즘은 동일했으며, 단지 부품의 정밀도가 향상되고 소재가 첨단화되었을 뿐 기본이 바뀐 것이 아니었다는 사실을 알았다.

자전거 메카닉 교육은 나에게 전문가로서의 자신감과 도전 의식을 심어주었다. 체계적인 정비 실습을 반복할수록 초기의 두려움과 생소함은 자연스럽게 극복되어 갔다.

정비 기술이 숙련되자 새로운 전문 분야가 시야에 들어왔다. 바로 '피팅(Fitting)'이었다. 개인별 체형에 맞춰 자전거를 최적화하는 이 전문 기술을 몰입하여 학습했고, 점차 전문가다운 확신도 생겼다. 특히 개인적으로 좋아했던 부분이었다. 이유는 상호작용에 대한 관계에 매료되었기 때문이다.

피팅을 습득한 후에는 자전거의 활용법에 대한 호기심이 커졌다. 전문적인 라이딩 기술을 배우기 위해 다양한 교육 프로그램을 찾아다녔다. 장기간 연구하며 독자적인 기술을 확립했고, 일정 수준의 전문성을 갖추게 되었다.

그러나 시간이 흐를수록 전문 지식의 사각지대가 드러났다. 고객 상담 중에 설명의 불일치를 발견하기도 했고, 확신에 찬 해설 속에서도 의문점이 지속적으로 발생했다. 부족한 부분이 무엇인지 고뇌한 뒤 깨달은 것이 있다. 바로 자전거 부품의 근본 원리에 대한 심층적 이해가 필요했던 것이다. 부품의 기본 구조가 실제 주행 역학 및 활용과 밀접하게 연결되어 있다는 사실을 인식하게 되었던 것이다.

기초 원리의 중요성을 재발견하며 정비 기술, 피팅, 라이딩 테크닉을 지속적으로 연마하고 실증했다. 이를 기반으로 동호인들을 지도하며 사업적 성과도 창출했다. 교육 노하우를 집대성하여 체계적인 매뉴얼을 개발하기 시작했고, 자료 수집을 하면서 지속적으로 개선, 보완, 분석했다. 완성도 높은 교육 시스템을 구축하는 데 5~6년의 시간이 투자되었다.

매뉴얼 완성 후 평가는 매우 호평이었다. 전문성을 인정받으며 성취감이 최고조에 달할 무렵, 명진이라는 친구와 특별한 인연을 맺게 되었다.

한여름 폭염으로 늦은 시간까지 영업을 하던 어느 날이었다. 작은 얼굴에 목선이 거의 보이지 않을 정도로 체격이 큰 그는 168cm 정도의 키에, 보는 나도 부담스러울 정도로 비대하고, 걸음걸이 또한 뒤뚱거리며 매장을 방문했다.

20대 초반으로 보이는 청년은 더위에 지친 모습이었지만, 특유의 순수함이 느껴지는 첫인상이었다. 그의 진정성 있는 태도와 대화 내용이 순수함으로 전해져 왔기 때문일 것이다.

대화가 진행되면서 처음의 거리감은 자연스러운 유대감으로 발전했다. 자전거를 통한 체중 감량이 목표라는 그의 이야기를 경청하며 30분가량 대화를 나눴는데, 그 시간 내내 그의 체력적 한계가 역력했다.

추후 알게 된 사실이지만, 당시 그의 체중은 132kg이었다. 23세의 청년은 졸업 전까지 유도 선수로 활약했으며, 졸업 후에는 자동차 레이서로 전향하여 우승 경력도 보유하고 있었다. 당시의 사진을 보여주었는데, 탄탄한 체격의 젊은 선수의 모습으로 환하게 웃으며 승리의 샴페인을 터트리는 사진이었다.

눈앞의 사람과 사진 속 인물이 같다는 것이 도저히 믿기지 않아 나도 모르게 수차례 본인 확인을 하고 있었다. 사진과 실물을 번갈아 보며 비교했지만, 마치 포토샵으로 편집한 것처럼 판이하게 달라 보였다. 긴 대화 끝에 그는 그 자리에서 자전거를 구매했다.

한여름이면 대부분의 라이더들이 무더위를 피해 야간 라이딩을 선호했다. 저녁 7시경이면 동호인들이 하나둘씩 매장 앞으로 모여들기 시작한다. 그 시간이 되면 나도 자연스레 분주해졌다. 전조등과 후미등 점검, 타이어 공기압 체크, 인원 확인 등 체크할 사항이 많았기 때문이다.

그날 명진이도 야간 라이딩 참여 의사를 밝혔다. 놀라운 결정이었다. 자전거를 구매하자마자 라이딩에 도전하겠다는 그의 말에 우려가 앞섰다. 그의 체중으로 라이딩이 가능할지, 자전거 주행은 할 수 있을지, 체력은 감당할 수 있을지 걱정이 되었다. 하지만 그의 의지를 꺾을 수는 없어서 동행을 허락했다.

마침내 10여 명의 회원들과 함께 야간 라이딩이 시작되었다. 목적지는 늘 그렇듯 승촌보였다. 야간 주행의 안전을 위해 익숙한 경로를 선택한 것이다. 생소한 길은 야간 주행 시 위험요소가 될 수 있어 평지 위주의 익숙한 코스를 고수했다. 매장에서 승촌보까지는 편도 15km, 왕복 30km 거리였다.

도심을 벗어나 영산강변을 달리는 순간은 형언할 수 없는 행복감을 선사한다. 선선한 밤공기를 가르며 일정한 간격의 가로등 불빛 아래를 달리는 기분은 매번 특별하다. 가로등 불빛이 강해졌다 약해지는 리듬에 맞춰 자연스레 속도도 빨라졌다, 느려졌다 조절하며 달리는 것이 마치 한 편의 자전거 교향곡같이 느껴진다.

승촌보 절반 지점인 '낚시터'에 도달했을 때 명진이가 한계를 토로했다. 우려했던 상황이 현실이 되었다. 하지만 그를 혼자 돌려보낼 순 없었다. 극도의 피로감은 집중력 저하로 이어져 사고 위험이 높아지기 때문이다. 특히 야간이라 더욱 위험했다.

다른 회원에게 리더 역할을 위임하고 나는 명진이와 함께 귀로에 올랐다. 돌아오는 길에는 그의 안전을 위해 계속 대화를 이어가며 집중력을 유지시켰고, 세심한 가이드로 만일의 사고를 예방하느라 긴장의 끈을 놓을 수 없었다.

매장 근처에 도착할 무렵 승촌보로 향했던 일행들도 돌아오고 있었다. 우리가 매우 천천히 돌아올 수밖에 없었기에 그들과 매장 입구에서 자연스레 합류하게 되었던 것이다.

명진이는 평소 꾸준한 운동 경력이 있었고, 연륜 있는 선배들보다 젊은 체력을 가졌으며, 어릴 적부터 통학용으로 자전거를 이용했던 경험이 있어 충분히 따라올 수 있으리라 기대했지만, 기대는 막연한 희망임을 또 한 번 증명한 꼴이 되어버렸다. 그의 현재 신체 상태를 고려하지 않은 성급한 판단이었던 것이다.

첫날 이후, 나는 그에게 오랜 연구 끝에 완성한 체계적인 교육 프로그램을 전수하기 시작했다. 이 프로그램은 초보자의 눈높이에 맞춰 단계별로 구성되어 있었다. 기본자세부터 페달링 기술, 나만의 기어비 공식, 활용법, 평지, 언덕 방법, 체력 안배법까지 꼼꼼하게 설계된 커리큘럼이었다. 특히 체중 부담을 최소화하면서도 효과적으로 운동할 수 있는 독창적인 방법론을 담고 있었다.

상당 기간 교육을 받고 난 후 어느 날 그가 자전거 의류를 구매하러 매장을 방문했을 때 난감한 상황이 발생했다. 그의 체형에 맞는 사이즈가 없었던 것이다. 의류 제조사들이 특대 사이즈를 생산하지 않았기 때문이었다. 그는 급격한 체중 증가로 기성복 착용이 불가능해져 맞춤복만을 입어야 했던 것이 다이어트를 결심하게 된 이유 중 하나라고 털어놓는다. 보는 나도 미안하고 걱정이 되었던 날이다.

그해 여름, 이틀에 한 번꼴로 야간 라이딩에 참여하는 그의 열정에 모든 회원들이 감탄했고, 친동생처럼 그를 아끼며 챙기기 시작했다. 다만 라이딩 후 치킨과 생맥주를 즐기는 그의 모습을 보며 다이어트 효과를 걱정하지 않을 수 없었다. 하지만 야간 라이딩으로 흘린 땀만큼 갈증과 허기가 심해지는 것은 물리칠 수 없는 유혹이었다. 즐기면서 살을 빼기로 전략을 바꾸게 된 이유가 여기에 있었다. 생맥주 때문에.

다이어트 방법은 다양하지만, 자전거만의 특별한 장점이 있다. 바로 엄격한 식단 조절 없이도 효과를 볼 수 있다는 점이다. 물론 식단 관리와 병행하면 더욱 탁월한 효과를 기대할 수 있지만, 식단 스트레스 없이도 점진적인 체중 감량이 가능하다.

자전거의 가장 큰 특징은 직선 운동을 회전 운동으로 전환시켜 관절 부담을 최소화하는 점이다. 무산소와 유산소 운동을 개인의 체력에 맞게 조절할 수 있으며, 전신 근육의 약 70%가 활용되는 효율적인 운동이다. 특히 허벅지, 둔근, 복근, 척추 주변 근육이 주로 사용된다.

자전거로 인한 허벅지 비대는 흔한 오해다. 이는 단거리 선수나 무산소 운동 위주의 전문 선수들에 해당하는 이야기이다. 일반인의 경우 지구력 근육(지근)이 발달하여 날렵하고 균형 잡힌 하체를 만들 수 있다.

더불어 근육량 증가는 기초대사량 상승으로 이어져 일상생활에서도 자연스러운 칼로리 소모가 증가하고, 불필요한 체지방 축적을 감소하게 만든다. 체력 향상과 함께 심장 기능이 강화되면서 혈액순환이 원활해져 전신이 상쾌하고 가벼워지는 효과를 즉각적으로 체감할 수 있다. 이는 자전거가 선사하는 수많은 장점 중 하나에 불과했다.

첫날 7km 지점에서 포기했던 명진이가 어느새 주말 산악 라이딩 그룹에도 합류하기 시작했다. 더 이상 낙오 없이 그룹을 따라잡을 수 있게 되었고, 어느 순간부터 자전거 타기를 즐기기 시작했다. 그렇게 행복해하는 명진이 동생이 환한 미소와 함께 말한다.

"형, 행복합니다."

알고 보니 기성복 2XL 사이즈를 구매해 입을 수 있게 된 것이었다. 그는 마치 모델처럼 자랑스럽게 새 옷을 뽐내 보였다. 일상적인 만남 속에서 변화되어 가는 동생의 모습이 익숙해져 변화를 인지하지 못하고 있었는데, 그의 체중이 98kg까지 감량되어 있었던 것이다. 신선한 충격이었다. 몇 달 사이에 32kg 감량된 것도 충격이었고, 아무도 몰라봤던 것도 놀라웠다.

그날 저녁, 지인들과 함께 운동 시작 시점부터 6개월간의 변화를 사진으로 비교해 보니 놀라운 변화를 체감할 수 있었다. 첫 사진을 본 모든 이들이 입을 모아 감탄했고, 하루 이틀 지나가는 과정 속에 변화되어 가는 몸이 신기하기만 했다.

모두들 진심 어린 축하를 건넸다. 3XL이 아닌 2XL 사이즈의 기성복을 입게 된 그의 행복한 표정을 떠올리면 지금도 저절로 미소가 지어진다. 후일 명진이와 그 시절을 회상하며 대화를 나눌 때, 그가 말했다.

"형 덕분에 편안하고 재미있게 살을 뺄 수 있었어요."

내가 개발한 자전거 매뉴얼은 전문 선수가 아닌 일반인을 위한 것이었다. 초보자들이 자전거를 시작할 때 느끼는 두 가지 부담감[3]을 줄이기 위하여 만들었다.

이 매뉴얼을 통해 명진이는 무리하지 않고 즐겁게 운동할 수 있었고, 특별한 식이 제한 없이도 지속적인 동기부여를 받을 수 있었다고

---

3 두 가지 부담감 : 사고에 대한 두려움과 체력적 부담감을 해소하는 데 중점을 두었다.

한다. 보통 초보자들은 체력으로만 승부하려다 지치고, 오르막길에서 좌절감을 느끼곤 한다. 아무리 목표가 있어도 고통스러우면 즐거움이 사라지고 결국 포기하게 된다.

5~6년간의 연구 끝에 완성한 이 매뉴얼은 운동을 즐기면서도 실질적인 효과를 얻을 수 있는 방법을 담고 있다. 무리하지 않고 지치지 않으면서도 효과적으로 운동할 수 있는 방법을 명진이에게 전수한 것이었다.

"즐겁게 다이어트를 했다니 다행이네! 고마워."

이렇게 짧은 답변을 건넸지만, 나에게만은 여운을 남겼다.

운동을 하면 '의무'가 되지만, 즐기면 '힐링'이 된다는 나의 신념이 들어 있는 매뉴얼이 빛을 보았기 때문이다. 이 진리는 명진이의 자전거 여정을 통해 완벽하게 증명되었다. 처음에는 체중 감량이라는 목표를 위해 시작한 자전거였지만, 점차 그에게 삶의 즐거움이 되어갔다. 무거운 숙제처럼 다가왔던 운동이 어느새 기다려지는 일상의 낙이 된 것이다.

강변을 따라 부는 바람을 맞으며, 때론 동호인들과 웃음꽃을 피우며 페달을 밟을 때마다 조금씩 가벼워지는 몸을 느끼는 기쁨! 이러한 작은 행복들이 모여 진정한 힐링이 되었다. 32kg의 체중 감량은 그저 부수적인 결과일 뿐이었다.

자전거는 단순한 운동 기구가 아닌 삶의 균형을 찾아주는 동반자가 되었다. 건강한 신체, 맑은 정신, 그리고 행복한 마음까지, 자전거는 이 모든 것을 선물했다. 결국 진정한 건강이란, 의무감에서 벗어나 즐기면서 자연스럽게 찾아오는 것임을 깨달았다.

"즐기는 자에게 길이 열린다."

이 말처럼, 명진이는 자전거를 통해 건강과 행복이라는 두 마리 토끼를 모두 잡을 수 있었다. 이것이야말로 진정한 의미의 힐링이 아닐까 생각한다. 명진이처럼.

06
아빠! 우리는 한 달에 한 번 자장면도 안 사 먹어요?

산다는 것은 목표를 달성하는 게 아니라
함께 가는 여정이다.

절박했다. 정말 절박했다. 하지만 주변에서는 "참 열심히 사시네요"라고 말한다. 나 자신도 그 말로 위안을 삼았다. 경제적으로 너무 힘든 시기라 일하는 것 말고는 다른 여가문화나 취미생활 같은 여유로운 시간은 상상하지도 못했다. 마음의 여유가 없었다는 게 맞는 것 같다. 마음의 여유는 모든 면에서 협소한 시야만 제공하여 군중 속에서도 고립된 사람으로 만드는 것 같다.

매달 밀려오는 공과금에 자라나는 아이들을 보면서 다른 생각은 사치처럼 느껴지게 만들기도 하였다. 그러던 어느 날, 초등학생 아들이 불쑥 물어온다.

"아빠! 우리는 한 달에 한 번 자장면도 안 사 먹어요?"

순간 머리가 하얘졌다.

'내가 뭐 하고 있는 거지?'

'나의 꿈은 어디로 갔지?'

닫혀 있던 암커튼을 활짝 열어젖히는 순간 모든 햇살이 내 마음속으로 쏟아져 들어오면서 생각의 틀이 깨지는 순간이었다. 주변이 보인다. 아니 내 가족이 제일 먼저 내 마음속에 찾아온다. 아니다, 온 게 아니고 희미하게 보였던 가족이 선명하게 보인 것이다. 묵묵히 곁을 지켜준 아내와 아이들이 언제나 말없이 옆에 있었던 것이다. 미안하다. 진심으로 미안하다.

"아들, 오늘은 자장면 먹으러 갈까?"

서둘러 가게 문을 닫고 자장면집으로 향했다. 맛있게 먹는 가족들을 보는데 왜 이렇게 눈물이 나려고 하는지… 내가 살아가는 이유가 돈이 아니었는데 미안하다. 행복한 표정으로 맛있게 먹고 난 아들이 다시 말한다.

"아빠! 우리 한 달에 한 번씩 이렇게 외식하면 안 돼?"

"그래, 앞으로는 꼭 한 달에 한 번은 맛있는 거 먹으러 가자."

말은 그렇게 했지만, 속으로는 '미안해, 정말 미안해'를 수없이 되뇌었다. 그동안의 자부심이 무너지는 것 같았다. '열심히'라는 말로 포장해 온 변명이었을까? 한번 흔들린 마음이 쉽게 가라앉지 않았다. 생계라는 무거운 구름이 내 꿈과 삶의 목표를 가렸고, 마음의 시야를 가렸던 것 같다.

시야가 좁아지니 하루하루가 습관이 되어버렸던 것이고, 앞만 보고 달리게 만드니 주변도, 뒤도 보지 못했던 것이다. 그게 마치 정답인 것처럼 매일 반복된 일상이었던 것이다.

아들의 그 한마디가 나의 생각의 틀을 깨부셔 주었고, 생각이 바뀌니 시선이 자유로움을 찾아 내 자신과 주변을 살피기 시작한다. 몸이 부서져라 달려온 시간 속에서, 처음으로 나를 돌아보는 시간을 가졌다. 며칠 밤을 뒤척이며 지나온 시간들을 되돌아보았다. 이제야 알겠다. 살아간다는 것은 그저 앞만 보고 달리는 게 아니었다는 것을…

경제적인 면도 무시할 수는 없지만, 그걸로 인하여 마음의 여유가 없었던 것이 주된 이유였음을 알았다. '열심히 살자'에서 '행복하게 같이 살자'로 바뀌는 순간이었다.

'한 달에 한두 번은 편안하니 외식을 하자! 비싼 것은 아닐지라도 가족과 함께하자!'

이렇게 다짐을 하였다. 그리고 여름에 휴가도 가보자. 상상할 수 없었던 여름휴가도 세워야겠다고 마음먹고 계획을 구상해 보는 기회가 되었다. 그러고 보니 열심히 살자는 생각밖에 없었구나. 그래서 내 가족들의 작은 소망도 모르고 살았던 모든 것들이 미안함과 죄책감 같은 마음의 부담으로 밀려들었다.

돌이켜 생각해 보면 그 당시에는 시간의 흐름도, 계절의 변화도 알아차리지 못하고 살았다. 나에게는 하루라는 시간은 밝은 시간인가, 아니면 어두운 시간인가로 인식되었으며, 계절의 의미도 '덥다' 또는 '춥다'라고만 계절을 느꼈을 정도이니 말이다. 그만큼 앞만 보고 쉼 없이 달려온 시간이었으며, 휴식 같은 것은 사치인 양 그렇게 살아온 것이다. 마음의 여유가 없었던 것이 가장 큰 이유일 것이다.
'이제는 가던 길 잠시 멈추고 나와 내 주변을 살피면서 같이 가자.'
같이 갈려고 열심히 일했던 것이었는데 이렇게 마음먹으니 나의 생각을 바꿀 수 있는 계기가 되면서 변화가 일어나기 시작하였다.

마음의 변화는 행동으로 옮기게 하는 원동력인 것처럼 실행에 옮기는 첫 시작을 하였다. 여름휴가를 가족과 함께 세워나갔다. 그러나 처음부터 난관에 부딪혔다. 한 번도 가보지 않는 휴가를 계획하려니 어디서 정보를 얻어야 할 것인지? 어디로 가야 할지? 계곡이 좋을까? 바다가 좋을까? 준비물은 뭘 챙겨야 하는지? 아이들 간식거리는 뭐로 챙기지? 언제 갈까? 등등 이 모든 것이 낯선 장애 요소로 다가왔.

그렇게 고민한 끝에 계곡으로 가기로 하고 휴양림을 예약하고, 먹을거리와 갈아입을 옷과 세면도구 및 여러 가지를 준비하고 여름 휴가철을 맞춰 우리도 가족 여행을 떠났다.

가족들에게 표현할 수는 없었지만, 내 마음은 매장에 손님이 오면 어쩌나? 매장 문이 닫혀 있으면 단골손님들이 다른 매장으로 영원히 떠나지나 않을까? 하루에 얼마의 손실이 발생하는데 이번 달은 괜찮을까? 이런저런 생각에 맘이 편하지는 않았지만, 아이들과 아내에게는 표현할 수가 없었다. 저렇게 행복해하고 즐거워하는 가족들 앞에서…

그렇게 2박 3일간의 휴가를 마치고 돌아왔다. 돌아오는 아침부터 내 마음은 바쁘기 시작하였다. 걱정스러운 마음이 밀려들었기 때문이다. 매장에 변화가 크게 일어날 것이다. 손님도 줄어들고 당분간 매출도 줄어들며, 이번 달 경제적인 부담이 많이 될 것이라는 부정적인 생각이 덮쳐왔다.

다음날 아침 일찍 매장에 나갔다. 휴가 다녀온 공백 시간을 조금이라도 줄여야 한다는 마음으로 가게를 열었다. 놀랍게도 내 생각과는 정반대의 변화가 나타났다. 나 자신의 변화가 첫 번째 변화였다. 손님들을 응대할 때 좀 더 적극적이고 긍정적인 응대를 하는 변화로 나타난 것이다.

그리고 손님들이 별반 차이 없이 꾸준히 와주셨으며, 매출의 집계를 한 달로 계산해 보니 차이가 없었다. 휴식이 주는 변화는 놀라웠다. 지치고 피곤한 상태에서의 의무적인 응대가 휴가 후에는 밝고 생기 있는 적극성으로 바뀌었다.

다른 하나는 가족과 추억을 만들었다는 것이다. 그리고 마음의 여유와 많은 긍정적인 변화를 가져왔다는 것이다. 가장 큰 변화는 나에게서 나타났다. 단순한 재충전을 넘어 일상을 바라보는 시각마저 바꾸어 놓았다.

그해 여름에서 가을로 기울어 갈 때, 자연의 변화를 절실히 느낄 수 있었다. 영원히 지지 않을 것 같던 나뭇잎이 서서히 물들어 가는 모습이 매일 매일 새롭게 보였고, 하룻밤 사이에도 나뭇잎은 조금씩 변화하고 있다는 것을 눈과 마음으로 느낄 수 있었다.

어릴 적 라디오에서 나오는 클래식 음악을 들으면서 누가 볼까 부끄러워 이불을 푹 둘러쓰고 펑펑 울었던 나이다. '로미오와 줄리엣' 책을 보면서 몇 날 며칠을 울기도 하였던 어릴 적 나였는데 그 시절의 감성이 조금씩 살아나는 것 같다.

이제 보인다. 계절의 전환기, 반소매에서 긴 팔로 옷이 바뀌는 시기에 나뭇잎들은 하나둘 떨어져 바닥을 뒹굴기 시작했다. 매장 주변의 은행나무들은 더욱 극적인 변화를 보여주었다. 초록에서 연두, 그리고 노란색으로 물들더니, 어느 순간 바닥에 노란 융단을 깔아놓은 듯하다. 바람 부는 날이면 은행잎들이 나비처럼 춤추며 가을의 정취를 더했다.

이렇게 마음의 여유를 찾아가던 시기에 점점 자전거 입문자들이 늘어나기 시작했다. 봄과 가을은 자전거를 배우려는 사람들이 많이 찾아오는 계절이다. 무더운 여름과 추운 겨울을 피해 찾아오는 계절적 특성이 있었다.

초보자들을 위한 매뉴얼은 이미 준비되어 있었지만, 처음 자전거를 접하는 이들의 두려움은 당연한 것이었다. 경험해 보지 못한 것에 대한 불안감을 완전히 떨쳐내기는 어려웠을 것이다.

입문자들에게 가장 강조했던 것은 '즐기는 것'이었다. 경제적 어려움 속에서 앞만 보고 살았던 경험, 사계절의 변화도 느끼지 못하고 지나쳤던 시간들을 되돌아보며 나의 경험을 담아 자전거 이용자들에게 당부한다. 자전거를 타는 게 중요한 게 아니라, 즐기면서 타라고! 거기에 마음의 여유를 가지고 주행할 것을 권했다. 나의 후회를 또다시 겪지 않기를 바라며…

쉼의 중요성을 깨달은 후로는 자연과 교감하며 자전거를 즐기는 법을 더욱 강조하게 되었다. 매일 다니는 길가의 풀잎도 다르게 보이기 시작했다. 빠르게 지나가면 보이지 않던 길가의 들풀, 꽃, 단풍나무의 변화가 여유로운 주행 속에서는 선명하게 드러났다. 같은 길이지만 매일이 새롭게 다가왔고, 가을 들판은 날마다 다른 모습을 보여주었다.

눈이 아닌 마음으로 보는 풍경은 전혀 다른 세상을 보여준다. 오로지 운동이나 속도만을 추구하는 이들에게는 단순히 식상하고 지루한 길이 되겠지만, 여유를 가지고 즐기는 이들에게는 매일이 새로운 발견의 연속이다. 영산강변에서 불어오는 물 냄새조차 마음의 상태에 따라 다르게 느껴진다.

특히 영산강변의 억새군락은 장관을 이룬다. 사람 키를 훌쩍 넘는 억새들 사이로 난 길을 달릴 때면, 그 환상적인 정경에 매료된다. 은빛 물결이 햇살에 반짝이는 억새 숲속으로 들어서면, 마치 다른 차원으로 진입하는 듯한 착각마저 든다. 깊어가는 가을 하늘과 어우러진 억새의 속삭임은 때로는 자전거를 멈추고 그저 누워 있고 싶은 충동을 불러일으킨다. 누우면 구름 위처럼 포근할 것 같기 때문이다.

전북 진안 마이산으로의 단풍 여행은 또 다른 차원의 경험을 선사했다. 주말 단풍 절정기에 광주에서 출발한 우리 일행은 마이산 입구에서 10km 떨어진 한적한 마을에 버스를 주차하고 자전거로 이동했다.

맑고 깨끗한 시골길을 달리며 마주한 가을 풍경은 그 자체로 선물이었다. 차량 정체로 꽉 막힌 주차장 진입로와 달리, 우리는 자전거로 자유롭게 이동할 수 있었다. 멈춰 선 차량 속 사람들의 부러운 시선을 받으며 달린 5km의 여정은 그 자체로 특별한 경험이었다.

마이산의 가을 정취를 충분히 만끽하고 돌아오는 길에도, 여전히 정체된 차량들을 보며 자전거의 장점을 다시 한번 실감했다. 특히 대부분이 초보자였던 참가자들이 돌아오는 버스 안에서 이구동성으로 "자전거 타기를 잘했다"며 행복해하는 모습이 인상적이었다.

지금도 자전거를 망설이는 분들에게 권하고 싶다. 부정적인 선입견에서 벗어나 새로운 시각으로 바라보길 말이다. 힘들고 두려운 것만 보면 그것만 보이지만, 아름다운 꽃과 가을 하늘, 단풍, 그리고 시원한 바람을 만나고 싶다면 자전거는 최고의 선택이 될 것이다.

앞만 보며 달려가던 나의 시선이 멈추자, 전혀 다른 세상이 펼쳐졌다. 비워낸 자리에 채워진 여유로움은 오히려 더 큰 활력이 되어 돌아왔다. 매일 보는 꽃도 하루하루 다른 모습으로 피어나듯, 같은 길도 매일 새로운 이야기를 들려준다. 그날, 초등학생 아들의 순수한 한마디가 내 인생을 바꾸어 놓았다.

"아빠! 우리는 한 달에 한 번 자장면도 안 사 먹어요?"

가슴을 찌르는 듯한 그 말을 통해, 나는 비로소 깨달았다. 삶이란 것이 단순히 목표를 향해 맹목적으로 달려가는 것이 아님을 말이다. 한 그릇의 자장면처럼 소소한 행복을 함께 나누는 것! 길가의 작은 꽃을 발견하는 기쁨! 계절의 변화를 온몸으로 느끼는 여유! 이 모든 순간들이 모여 우리의 인생이 된다는 것을 말이다.

이제는 안다. 산다는 것은 목표 달성이 아닌 함께 가는 여정임을! 때로는 멈추어 서서 주위를 둘러보고, 때로는 천천히 걸으며 서로의 숨소리를 들을 줄 아는 것! 그렇게 함께 걷는 길에서 진정한 삶의 의미를 발견하게 된다는 것을 말이다.

자전거는 이제 나에게 단순한 운동 수단이 아닌, 삶의 진리를 알려준 스승이 되었다. 앞으로도 많은 이들이 자전거를 통해 '함께하는 여정'의 기쁨을 발견하길 바란다. 그리고 그 여정에서 만나는 모든 순간이 새로운 행복으로 채워지기를 마음 깊이 소망한다.

제2장
앵무새가 되지 말자!

01
아이들은 어른의 거울이다

아이들의 행동을 보면
어른의 생각을 알 수 있다.

　이제는 변해야 할 때다. 생활용 자전거 매장에서 고급 자전거 전문점(Shop)으로의 전환을 결심하면서 내 가슴은 설렘과 두려움으로 가득했다. 예상보다 훨씬 많은 준비가 필요했고, 전문 매장의 위상에 걸맞은 지식과 정보를 쌓아야 한다는 부담감도 컸다. 하지만 이미 내린 결단을 포기할 수는 없었다.
　만약 경제적으로 안정되었다면 현실에 안주했을지도 모른다. 그러나 역설적이게도 나의 불안정한 처지가 더 큰 도약의 발판이 되었다. 나는 스스로에게 끊임없이 되뇌었다.
　'단순히 돈을 벌기 위해서가 아니야! 이 분야 최고의 전문가가 되는 거야!'

이런 강한 신념이 생기기까지는 가슴 아픈 경험들이 있었다. 오래 전부터 자전거 업종에서 근무했던 선배들을 보며 안타까움을 느꼈다. 그들이 자전거포에서 대리점으로 변화하는 시기에 안주해 버린 것처럼, 나도 이제 대리점에서 전문점으로 진화하는 중요한 변곡점에서 멈춰 설 순 없었다.

"아니, 절대 그럴 순 없어!"

가슴 아픈 건 돈이라는 현실적 벽이었다. 자부심을 가지고 고급 자전거를 수리하고, 피팅하고, 동호회를 운영했었던 나였다. 기술적인 면에서는 충분하다고 인정받았지만, 대형 매장의 규모와 자본력 앞에서 한없이 작아지는 나를 발견했다. 특히 손님들이 "거긴 실력도 좋대요"라며 대형 매장을 칭찬할 때면 가슴 한구석이 찢어지는 듯했다.

하지만 좌절하지 않았다. '돈'에는 졌을지 몰라도, 지식만큼은 절대 지지 말자고 다짐했기 때문이다. 좀 더 깊이 있는 전문성, 체계적인 시스템, 완벽한 품질관리! 이것들이야말로 내가 이길 수 있는 무기라고 확신했기 때문에 좌절은 사치였던 것이다.

매년 겨울, 나는 마치 순례자처럼 전국의 자전거 전문 교육기관을 찾아다녔다. 큰 가방 하나에 꿈과 열정을 담아 떠난 3개월간의 여정이다. 부품, 공구, 전문 용어, 피팅 기술, 주행법⋯ 자전거와 관련된 모든 것을 탐욕스럽게 흡수했다.

수년간의 고된 여정 끝에 마침내 나만의 교육 매뉴얼이 완성되었다. 어떤 질문에도 자신 있게 답할 수 있는 전문가가 되었다는 자부심이 생겼다. 그러던 중 서울 (사)자전거21에서 실시하는 자전거 안전교육 지도자 과정이란 프로그램 소식을 접했다. 처음에는 '뭐 별거 있겠어?'라는 안일한 생각이 들었지만, 올림픽 경기장 내 교육장으로 향하는 발걸음은 어쩐지 설렜다.

또 다른 도전의 시작이었다. 지금까지는 자전거 정비, 피팅, 활용법, 주행법 등을 다루었지만, (사)자전거21에서는 자전거 안전에 관련된 새로운 분야를 배울 수 있기 때문이었다.

인생에는 예기치 않은 순간이 전환점이 되곤 한다. 나에게는 (사)자전거21 교육장에서의 그날이 그랬다. 자신감에 가득 차 참석했던 교육은 나의 모든 생각을 뒤흔들어 놓았다.

"자전거가 차라고들 하는데, '왜' 차인가요?"

오수보 대표님의 이 단순한 질문이 나를 철저히 무너뜨렸다. 그동안 수많은 고객에게 당연하다는 듯 설명해 왔던 말들이 순간 공허하게 느껴졌다.

'바퀴가 있어서인가?'

'페달이 달려 있기 때문인가?'

'핸들이 부착되어 방향 전환을 할 수 있기 때문인가?'

머릿속이 하얘지며 답을 찾지 못했다. 자전거 전문가라 자부하던 내 모습이 부끄러워졌다.

진정으로 아는 것이란, 아이들도 이해할 수 있게 설명할 수 있어야 한다는 저명한 교수님의 말처럼 나는 알고 있는 게 아니라 알고 있다고 착각하고 있었던 것이다.

이 말이 가슴을 파고들었다. 나는 그저 앵무새처럼 남의 말을 되풀이했을 뿐이었다. 진정한 이해 없이 전달된 내 말들이 또 얼마나 많은 사람들에게 잘못 전해졌을까? 이 생각은 밤새도록 나를 괴롭혔다. 숙소에 돌아와 천장을 바라보며 깊은 성찰에 빠졌다. 그리고 새로운 다짐을 했다.

'이제는 피상적인 지식이 아닌 진정한 이해를 추구하자. 알고 있다는 착각에서 벗어나, 끊임없이 배우고 성장하자.'

이 깨달음은 나의 자전거 철학을 완전히 바꾸어 놓았다. 단순히 제품을 파는 상인이나 스포츠를 가르치는 강사를 넘어, 안전한 자전거 문화를 전파하는 교육자로서의 사명감이 생겼다. 자전거는 더 이상 단순한 운동기구가 아닌, 우리 삶과 직결된 교통수단이었다.

이전의 나는 자전거를 스포츠용품으로만 바라보았다. 하지만 이제는 교통수단으로서의 자전거, 그리고 그에 따른 안전의 중요성을 깊이 이해하게 되었다. 마치 운명처럼 찾아온 이 변화는, 내 삶의 방향을 완전히 바꾸어 놓았다.

누군가는 해야 할 일이라면, 내가 앞장서야 한다는 결심이 섰다. (사)자전거21의 교육은 단순한 기술 전수가 아닌, 자전거에 대한 근본적인 인식의 전환을 가져왔다. 이것이 바로 내가 찾던 진정한 사명이었다.

깨달음 이후 나는 단순한 지식 전달이 아닌 마음으로 전하는 자전거 교육을 결심했다. 유치원생부터 고령자까지 각 연령대에 맞는 안전교육을 진행하면서 매 순간 진정성을 담으려 노력했다. 교육을 시작하기 전 항상 내 자신부터 마음을 가다듬는다. 진심이 담긴 교육에는 반드시 신념과 정확한 근거가 필요하기 때문이다.

현재 주로 유치원과 초등학교에서 교육이 이뤄지고 있는데, 흥미로운 현상을 발견했다. 어린이들의 놀라운 습득력에 비해, 성인들의 습득 능력은 매우 제한적이라는 것이다. 성인 학습자들은 대부분 '중심 잡고 타기'만을 목표로 삼는다. 아이러니하게도 그들이 가장 걱정하는 안전과 부상[4] 방지야말로 바로 우리 교육의 핵심인데 말이다.

매 초등학교 교육 시작 전, 나는 세 가지 질문을 던진다.

"자전거는 놀이기구인가요?"

"운동기구인가요?"

"자동차인가요?"

어느 학교나 답변은 늘 비슷하다. 놀이기구(약 80%), 운동기구(약 95%), 차(약 0~1%)[5]이다. 이런 응답은 틀린 것이 아니라, 아이들이 주변 어른들에게서 배운 그대로를 반영한다. 여기서 놀라운 점은, 어른들은 자전거가 '차'라는 것을 알면서도, 정작 아이들에게 보이는 모습은 운동용이나 레저용으로 행동했기 때문에 나타나는 현상인 것이다.

---

4 "나이 먹어서 넘어지면 크게 다칠 것 같은데"라고 말하면서 목표는 중심 잡고 타기를 원할 뿐이다.

5 이 통계수치는 초등학교 자전거 안전교육을 300여 개 4, 5, 6학년 대상으로 실시한 직접 구두 설문조사 통계이다.

입으로는 자전거는 '차'라고 말하면서 실생활에서는 "나 자전거 운동 다녀올게." 또는 "자전거 타고 놀다 올게"라는 표현으로 아이들에게 운동용이나 레저용으로 보여진다.

이는 우리 사회의 모순을 보여주는 대표적인 사례이다. 어른들이 알고 있는 지식과 실제 행동하는 방식 사이의 괴리가 아이들에게 혼란을 주고 있다. 우리가 가르치는 안전하고 배려하는 자전거 문화가, 정작 아이들의 주변 어른들에 의해 실천되지 않는 충돌현상인 것이다.

이러한 현실을 마주할 때마다, 나는 더욱 진정성 있는 교육의 필요성을 실감한다. 단순한 기술 전수가 아닌, 올바른 자전거 문화를 만들어 가는 것! 그것이 바로 내가 마음을 담아 전하고자 하는 진정한 자전거 안전교육의 모습이다.

"왜 우리 어른들은 아이들에게 모범이 되지 못할까?"

이 질문은 단순한 의문이 아닌, 우리 사회의 자전거 문화를 돌아보게 하는 깊은 성찰의 시작점이 되어야 할 것이다.

"아이들의 행동을 보면 어른의 생각을 알 수 있다."

이 격언이 자전거 교육현장에서 더욱 절실하게 다가온다. 아이들이 자전거를 단순한 놀이기구나 운동기구로만 인식하는 것은, 우리 어른들의 잘못된 인식이 그대로 투영된 결과가 확실하기 때문이다.

매일 교육현장에서 마주하는 아이들의 순수한 눈빛을 볼 때마다, 나는 무거운 책임감을 느낀다. 그들의 마음은 아직 순백의 도화지와 같다. 여기에 어떤 자전거 그림을 그려줄 것인가? 잘못된 인식과 위험한 습관을 물려줄 것인가? 아니면 안전하고 올바른 자전거 문화를 심어줄 것인가?

현재 우리 어른들의 그릇된 자전거 문화는 다음 세대에게 심각한 안전 문제를 초래할 수 있다. 신호를 지키지 않는 모습, 안전장비 착용을 무시하는 태도, 자전거를 단순한 놀이나 운동도구로만 여기는 인식! 이러한 모습들이 여과 없이 아이들에게 학습되고 있다는 사실이 가슴 아프다. 아이들은 어른들의 거울이다.

몇 년 후 이 아이들이 어른이 될 것이다. 지금의 아이들이 어른이 되었을 때 멋진 거울이 될 수 있도록 도와야겠다. 내가 만난 아이들만큼은 거울에 비친 모습이 잘못된 어른의 모습이 아닌, 올바른 자전거 문화를 실천하는 자신의 모습이기를 간절히 바라면서 뜨거운 햇살 아래 학교 운동장에서 아이들과 함께 '자전거를 가지고 자전차'를 만들고 있다.

02
중앙선 침범(역주행)과 좌측통행은 같다

착각은 반드시 안 좋은 결과를 낳는다.
문제는 내가 착각하고 있음을 모를 때 발생한다.

평화로운 일상을 깨는 전화벨이 울렸다. 공직에 근무하는 지인의 다급한 목소리가 수화기 너머로 들려왔다. 자전거와 차량이 충돌했다는 소식에 순간 가슴이 철렁했다. 더구나 평소 원칙주의자로 알던 지인이라 더욱 놀라웠다.

"많이 다치진 않으셨죠? 병원은 가보셨나요?"

급하게 물었지만, 다행히 가벼운 찰과상 외에는 특별한 이상이 없다고 했다. 그의 안정된 목소리를 듣고 나도 모르게 안도의 한숨을 내쉬었다.

'자전거야 조금 고장 났겠지…'

이런 생각으로 전화를 끊었다. 하지만 잠시 후, 매장에 들어선 자전거의 모습은 충격 그 자체였다. 완전히 파손된 앞바퀴, 두 동강 난 프레임, 찌그러진 뒷바퀴… 20년 넘게 자전거를 다뤄온 내 경험으로도 이해할 수 없는 처참한 상태였다. 더욱 놀라운 것은 이런 심각한 파손 상태와는 대조적으로 지인은 멀쩡히 서서 평온한 표정을 짓고 있었다는 점이다.

'이런 상태라면 탑승자가 중상을 입었어야 정상인데… 혹시 주차된 자전거를 차가 들이받은 것인가?'

온갖 추측이 머릿속을 스쳐 지나갔다. 더욱 놀라운 것은 그의 이력이었다. 평소 신호위반 한 번 용납하지 않고, 과속은 상상도 못하게 하던 사람이었다. 공직자로서의 자부심이 남달랐고, 기초 질서를 철저히 지키는 것이 그의 사명과도 같았다. 도덕책이라 불러도 과하지 않을 정도로 원칙을 중시하던 그였다.

틀림없이 상대방의 과실일 거라 생각하며 가볍게 상황을 물었다. 하지만 그의 대답은 예상을 완전히 벗어났다. 아파트로 진입하기 위해 좌측으로 이동했다는 것이다. 순간 귀를 의심했다.

"지금 뭐라고 하셨어요?"

다시 한번 확인했지만, 그의 대답은 변함이 없었다. 집으로 돌아가는 길, 아파트 진입을 위해 좌회전을 해야 하는데 왼쪽 도로를 이용했다는 것이다. 신호등도, 자전거 횡단도도 없는 골목길! 평소라면 그저 평범한 길이었을 텐데, 그날은 달랐다.

지인은 아파트로 진입하기 위해 '편하다'는 이유로 도로 좌측 갓길을 선택했다. 우회전하려는 차량을 발견했지만, '날 봤으니 멈추겠지'

라는 안일한 생각으로 진입했다. 하지만 차량은 멈추지 않았고, 다행히 느린 속도 덕분에 몸만은 피할 수 있었다고 말한다.

"차가 나를 보고도 멈추지 않은 걸 보면 의도적인 행동이 아닐까?"

그가 나에게 물어온다. 지인의 목소리에는 분노와 의심이 묻어났다. 평소 교통법규를 철저히 지키던 그가, '천상 공무원'이라 불리던 그가, 이런 기본적인 착각을 하고 있다는 사실이 나는 너무나 충격적이었다.

일주일 후, 나는 조심스럽게 말했다.
"선배님, 그건 역주행이었습니다."

그의 눈이 커졌다. 마치 말도 안 되는 말을 하는 것처럼 표정이 일그러졌다.

"이 사람아, 나는 좁은 골목길에서 왼쪽에 바짝 붙어서 자전거를 탔는데 내가 왜 역주행이란 말을 하는가?"

화가 난 모양이다. 아니 이해할 수 없다는 듯 두 눈을 부릅뜨고 나를 쳐다보고 있다.

"자전거도 '차'입니다. 우측통행이 원칙입니다."

선배님이 다소 진정된 어투로 말을 이어간다.

"좌측통행은 인정하지만 역주행은 아니라고."

그의 고집스러운 부정에 나는 깊은 생각에 잠겼다.

'왜 이런 명백한 사실을 인정하지 못하는 걸까?'

곰곰이 생각해 보니 말 속에서 그 답을 찾은 것 같다. 보행자는 좌우 구분 없이 자유롭게 다닌다. 하지만 차는 다르다. 차는 반드시 우측통행을 해야만 한다. 원칙이 깨지는 순간 대형 사고로 이어지기 때문에 우측통행은 절대적 원칙으로 정해져 있는 것이다.

문제는 자전거를 탈 때, 우리가 '보행자'와 '운전자' 사이에서 정체성의 혼란을 겪는다는 점이다. 걸을 때는 자유롭게, 차를 운전할 때는 우측통행이라는 규칙으로 움직이던 우리의 몸이, 자전거와 차라는 애매한 경계에서 혼란을 겪는 것이다.

이것은 단순한 실수가 아니다. 우리 사회에 뿌리 깊게 박힌 인식의 오류다. 자전거를 '차'라고 인지하고 있지만, 막상 자전거를 타는 순간 나는 사람이라고 착각하며 행동하는 위험한 착각인 것이다. 이 착각이 언제든 큰 사고로 이어질 수 있다는 사실을 우리는 명심해야 한다. 하루 이틀은 피할 수 있지만 언젠가는 반드시 일어날 수밖에 없는 명백한 착각인 것이다.

가장 주목해야 할 것은 보행자와 운전자의 근본적 차이다. 보행자는 무의식적으로, 운전자는 의식적으로 움직인다는 것이다. 이 무의식과 의식과의 차이가 사고의 핵심이었다. 자동차 운전자라면 누구나 좌측통행이 얼마나 치명적인 결과를 초래할 수 있는지 알고 있다. 중앙선을 넘지 않는다는 것은 운전자의 본능이자 습관이 되어 있다. '중앙선 침범'은 치명적인 사고를 유발한다는 것을 알기 때문이다.

그렇다면 왜 원칙주의자인 선배는 자전거를 타며 이런 기본을 잊었을까? 답은 의외로 단순했다. 자전거를 타는 순간 그는 '차량 운전자'가 아닌 '보행자'로 자신을 인식했던 것이다. 자전거를 끌고 다닐 때는 단순한 물건이지만, 페달에 발을 올리는 순간 자동차와 동등한 법적 지위를 가진다는 사실을 순간적으로 망각한 것이다.

이런 위험한 착각의 원인은 크게 두 가지다. 첫째, 시대적 착각이다. 과거 자전거는 교통 약자로 분류되어 보행자에 준하는 대우를 받았다. 이런 인식이 여전히 많은 이들의 의식 속에 남아 있다.

둘째, 자전거를 놀이기구로 인식하는 경향이다. 어린 시절의 장난감이 어느새 '차'가 되었다는 사실을 받아들이기 쉽지 않은 것이다. 실제로 많은 동호인들이 '차량이 알아서 피할 것'이라는 안일한 생각으로 역주행을 한다. 이는 매우 위험한 발상이다. 이런 착각이 쌓이고 반복될수록 대형 사고의 위험은 커져간다.

더욱 심각한 것은 이런 잘못된 인식과 행동이 다음 세대에게 전달될 수 있다는 점이다. 그래서 나는 교육현장에서 항상 강조한다.

"역주행이나 좌측통행이나 같은 말입니다. 어떤 상황에서도 우측통행은 반드시 지켜야 할 의무입니다. 자전거에 올라타는 순간, 여러분은 더 이상 보행자가 아닌 차량 운전자입니다."

이것은 단순한 규칙이 아니다. 나와 타인의 생명을 지키는 가장 기본적인 약속이다. 이 약속을 지키는 것이야말로 진정한 의미의 안전 문화 정착의 시작일 것이다.

평소 교통법규에 엄격했던 공직자 선배님의 사고 사례는 더욱 충격적인 교훈을 준다. 신호위반 한 번 용납하지 않던 그가, 과속은 상상도 못하게 하던 그가, 단 한순간의 착각으로 큰 사고를 겪었다. '차량이 알아서 피하겠지'라는 안일한 생각! '난 보행자야'라는 위험한 착각이 자전거를 완전히 파손시키고, 다행히 목숨은 건졌지만, 큰 위험을 자초했다.

도로 위의 노란 선, 이 중앙선을 두고 우리가 망설임 없이 달릴 수 있는 것은 '신뢰의 원칙' 때문이다. 상대방이 절대로 이 선을 넘어오지 않을 것이라는 굳건한 믿음이 있기에, 우리는 안심하고 달릴 수 있다. 하지만 원칙주의자였던 선배님조차도 자전거에 올라탄 순간 이 기본적인 원칙을 잊었다.

그의 사례는 분명히 보여준다. 좌측통행이나 역주행은 중앙선 침범이라는 중대한 위법행위이며, 도로 위 모든 이용자들과의 신뢰를 저버리는 행위라는 것을 말이다. 더구나 이런 위험한 착각은 누구에게나 일어날 수 있다. 교통법규를 철저히 지키던 공직자조차 이런 착각으로 인한 실수를 했다는 사실이 이를 증명한다.

법과 규칙은 우리의 안전을 지키는 마지막 보루다. 순간의 착각과 편의로 이를 무시한다면, 그 대가는 너무나 크고 돌이킬 수 없다. 선배님의 사고는 다행히 큰 인명피해 없이 끝났지만, 다음번은 어떨지 누구도 장담할 수 없다.

자전거 운전자 여러분, 부디 기억하라! 좌측통행과 역주행은 단순한 위반이 아닌, 생명을 담보로 한 위험한 도박이라는 것을 말이다. 교통법규의 모범이었던 선배님조차 빠졌던 이 착각의 덫에 빠지지 않도록, 항상 경계하고 조심해야 한다. 우리의 안전은 바로 이 기본적인 약속을 지키는 것에서 시작된다.

착각은 반드시 안 좋은 결과 낳는다. 문제는 내가 착각하고 있음을 모를 때 발생한다. 그리고 기억해야 한다. 좌측통행이나 중앙선 침범은 같은 말이라는 것을 말이다.

03
어린이날 조심히 가지고 놀아라!

호랑이를 애완용으로 생각한다고
고양이가 될 수는 없다.

"조심히 가지고 놀아라!"

어린이 자전거를 판매하면서 늘 반복적으로 듣던 말이다. 처음에는 별다른 의미를 두지 않고 그저 스쳐 지나가는 말로만 여겼다. 하지만 어느 순간부터 그 말이 새롭게 다가오기 시작했다. 아마도 안전 교육의 중요성을 깨닫게 되면서부터 나의 생각과 관점이 조금씩 변화하기 시작했을 당시부터 변화가 시작된 것처럼 느껴진다.

조심히 가지고 놀라는 말이 점점 안타깝고 무책임하게 들렸지만, 오랫동안 그 누구에게도 말하지 못했다. 장사꾼이라는 이유로 내 말이 상술로 보일까 두려워, 때론 상처받을까 염려되어 입을 다물었던 것 같다. 하지만 이제는 말하려 한다. 자전거에 관심 있는 이들이 이

글을 읽을 것이라는 믿음이 있기 때문이다.

　매년 5월이 되면 자전거 판매장은 특별한 긴장감에 휩싸인다. 어린이날이 있는 달, 1년 중 가장 큰 매출이 발생하는 시기이기 때문이다. 마치 자전거 판매장의 생일 같은 달이다.
　30년 전, 나의 학창 시절만 해도 자전거는 일상의 중심이었다. 학교 내 자전거 보관소는 200대가 넘는 자전거로 늘 붐볐다. 하지만 시간이 흐르며 '편리함'이란 이름으로 자동차가 그 자리를 대신했고, 자전거는 점차 아이들의 놀이기구로만 남게 되었다.
　다행인지 불행인지 아이들 놀이기구 수준으로 명맥을 이어가고 있었기에 자전거 판매장들은 5월을 손꼽아 기다렸다. 인터넷 판매가 활성화되기 전, 4월 식목일부터 7월 장마 시작 전까지, 그리고 8월 말부터 10월 말까지가 성수기였다. 특히 5월 어린이날 매출은 1년 농사를 좌우할 만큼 중요했다.
　그해도 어김없이 어린이날이 다가왔다. 귀여운 아이들과 함께 방문한 부모님들, 할머니 할아버지들의 사랑 가득한 눈빛으로 가게는 따뜻했다. 아이들보다 더 신중하게 자전거를 고르는 어른들의 진지한 모습에서 아이들을 사랑하는 깊은 애정이 느껴졌다. 마치 고급 승용차를 고르듯 디자인, 무게, 색상, 기능을 꼼꼼히 살피는 모습 속에 아이들에 대한 사랑과 안전에 대한 염려가 읽혔다.
　반면 아이들은 순수한 욕심으로 "이게 예뻐요", "저게 좋아요" 하며 발만 동동 구르는데, 그 모습이 또 얼마나 사랑스러운지. 최고의 선물을 고르려는 어른들의 신중함과 어서 타보고 싶은 아이들의 조급함이 대조를 이루는 모습을 보며 나는 미소 짓곤 했다. 다른 매장을 둘러보고 온 듯한 꼼꼼한 비교와 선택의 과정은 아이들을 향한 사랑의 깊이를 보여주는 것이기도 했다.

어린이날이 지나고 공원이나 유원지에서 마주치는 아이들의 모습 중 반짝이는 새 자전거 위에서 세상을 다 가진 듯 행복한 미소를 짓는 그들을 보며 부모님들의 마음도 덩달아 따뜻해졌으리라. 하지만 매년 반복되는 한마디가 내 신경을 건드렸다.

"조심히 가지고 놀아라!"

얼핏 보면 지극히 자연스러운 이 말이 왜 이토록 먹먹하게 다가오는 걸까? 시간이 흐를수록 이 표현의 모순이 더욱 선명해졌다. 물론 의도는 좋다. 소중한 자녀의 안전을 걱정하는 마음과 즐겁게 놀기를 바라는 희망이 담겨 있기 때문이다.

하지만 여기에는 치명적인 결함이 있음을 나중에 알게 되었다. "조심히 가지고 놀아라"라는 말만 던진 채 정작 어떻게 조심해야 하는지, 무엇을 조심해야 하는지에 대한 구체적인 가르침은 없다. 안전모나 보호장구를 사주는 것으로 부모의 책임을 다했다고 생각하는 것이다.

이것이 바로 내 마음을 무겁게 하는 이유였다. 자전거는 '놀이기구'가 아닌 '차'이며, 단순한 장난감이나 놀이기구가 아닌 안전교육이 필요한 '차(자동차)'이기 때문이다.

자전거를 구매할 때 부모님들은 안전모와 보호장구는 챙기면서도 정작 가장 중요한 것들은 놓치고 있다. 브레이크 사용법, 안전한 주행 장소, 기본적인 정비와 대처 방법 등 실질적인 안전교육은 뒷전이다. 더 심각한 것은 "조심히 가지고 놀아라"라는 한마디가 만드는 위험한 혼란이다.

자전거는 법적으로 자동차와 같은 '차'로 규정되어 있다. 따라서 자동차에 준하는 의무와 책임이 따르는데, '놀아라'라는 말 한마디로 아이들은 자전거를 단순한 놀이기구로 인식해 버린다. 이런 잘못된 인식과 언어 선택은 후에 더 큰 혼란과 위험을 초래한다. 놀이기구로 시작된 자전거가 갑자기 '차'가 되어야 한다는 것은 아이들에게 너무나 큰 인식의 전환이 개념의 충돌로 혼란스럽게 만들기 때문이다.

이러한 문제점을 깨달은 후 나는 큰 도덕적 책임감을 느꼈다. 하지만 자전거를 구매하는 짧은 순간에 이 모든 것을 설명하고 이해시키기란 쉽지 않다. 대부분의 어른들은 "그렇군요." 하며 흘려들었고, 그때마다 나는 깊은 상실감을 느꼈다.

그래도 포기할 수는 없었다. 비록 짧은 시간이지만, 어린이 안전교육을 통해 올바른 개념을 심어주려 노력했다. 하지만 주변 어른들이 여전히 '놀이'라는 개념으로 접근하니, 그 효과는 제한적일 수밖에 없었다.

호랑이를 고양이처럼 애완동물로 여기는 것이 얼마나 위험한 착각인지는 누구나 알 수 있다. 하지만 우리는 자전거에 대해 이와 똑같은 착각을 하고 있다. "가지고 놀아라"라는 말 한마디로 우리는 '차량'을 '장난감'으로 둔갑시키는 위험한 실수를 저지르고 있는 것이다. 그것도 아이들의 부모님들이 실수하고 있는 것이다.

호랑이는 아무리 귀엽게 키워도 본능적으로 맹수다. 마찬가지로 자전거는 아무리 아이들의 선물이라 해도 엄연한 '차량'이다. 도로교통법상 자동차와 동등한 지위를 가진 교통수단이다. 순간의 방심이 치명적인 사고로 이어질 수 있는 위험한 이동수단인 것이다.

"조심히 가지고 놀아라"라는 말은 마치 "호랑이와 조심히 놀아라"라는 말처럼 모순되고 위험하다. 놀이와 안전은 결코 함께 갈 수 없는 개념이다. 특히 도로 위에서는 더욱 그렇다.

우리의 아이들이 자전거를 '놀이기구'로 인식하는 순간 그들은 이미 위험한 착각의 덫에 빠진 것이다. 이러한 착각은 자전거를 탈 때마다 아이들을 위험에 노출시키며, 더 나아가 성인이 되어서도 잘못된 자전거 문화를 이어가게 만든다.

진정으로 아이들을 사랑한다면 '놀이'라는 달콤한 말 대신 '책임'이라는 무게감 있는 진실을 알려주어야 한다. 자전거는 즐거움을 주는 동시에 위험할 수 있는 교통수단이며, 그만큼 진지한 자세와 올바른 인식이 필요하다는 것을 말이다.

호랑이는 결코 고양이가 될 수 없듯이, 자전거는 결코 장난감이 될 수 없다. 이 단순한 진실을 잊은 채 던진 "가지고 놀아라"라는 말 한마디가, 우리 아이들의 안전을 위협하는 가장 위험한 적이 될 수 있음을 어른들은 깊이 새겨야 할 것이다.

04
아이들에게서 배운다!

변화는 아이들부터 시작되고
변화된 아이들이 문화를 만든다.

초등학교와 어린이집에서 자전거 안전교육을 시작하면서, 나는 두 가지 큰 어려움을 마주했다. 특히 한두 번 자전거 안전교육을 받은 학교에서 어려움이 컸다.

첫 번째 벽은 '선생님들의 인식'이다. 한정된 공간과 예산, 빡빡한 일정 속에서 선생님들은 자전거를 대부분 단순한 운동 도구로만 인식했다. 그래서 흥미 위주의 체험교육만을 요구했다. 하지만 나는 아이들이 스스로를 지킬 수 있는 원칙과 개념 정립이 더 중요하다고 믿었다. 안타깝게도 이런 관점 차이는 좀처럼 좁혀지지 않는다.

두 번째 벽은 '아이들의 잘못된 인식'이었다. 이는 대부분 어른들로부터 영향을 받은 것으로, 부모님과 주변 어른들의 행동과 말을 통해 형성된 인식이었다. 문제는 누구의 잘잘못을 따지는 것이 아니라 어떻게 이 인식을 바르게 전환할 것인가였다.

나는 이론과 실기를 명확히 구분한 교육 프로그램으로 운영한다. 이론에서는 자전거의 본질적 개념을, 실기에서는 이를 몸으로 체득하게 했다. 처음에는 "자전거가 뭐 있다고?"라며 가볍게 여기던 선생님들도 교육이 끝나면 "우리도 배워야겠다"라며 진심 어린 감사를 표했다. 이런 순간이 나에게는 가장 큰 보람이 된다.

교육 시작 전 항상 세 가지 질문을 하고 시작한다고 앞부분에서 이야기했다. 흥미로운 것은 대부분의 아이들이 자전거를 '놀이용' 또는 '운동용'으로만 인식한다는 점이다. 운동용이라 답한 아이들은 부모님이나 할아버지의 영향을 받았고, 놀이용이라 답한 아이들은 "조심히 타고 놀아라"라는 말을 들으며 자랐던 아이들에게 나타나는 현상이다.

이처럼 어른들의 언행은 거울처럼 아이들에게 반영된다. 우리가 변화시켜야 할 것은 단순히 아이들의 행동이 아니라 그 행동의 근원이 되는 어른들의 인식이다.

흥미로운 점은 자전거를 놀이용으로 인식하는 아이들 대부분이 실제로는 자전거를 제대로 타지 못한다는 것이다. 이는 단순히 아이들의 문제가 아니라 어른들의 인식이 투영된 결과다.

사실 어른들을 탓할 수만은 없다. 어른들 역시 체계적인 자전거 교육을 받아본 적 없이 자신들의 경험만을 토대로 최선을 다했을 것이다. 하지만 이런 악순환은 어디선가 끊어져야 한다.

특히 주목할 만한 현상은 이미 교육을 받은 아이들의 경우다. 이론은 척척 대답하면서도 실제 행동으로는 이어지지 않는다. "교육의 목표는 행동하게 만드는 것"이라는 저명한 교수의 말처럼, 지금의 교육은 실천적 변화를 이끌어 내지 못하고 있다.

깊이 있는 관찰과 연구 끝에 얻은 결론은 의외로 단순했다. 기존 교육이 개념 정립 없이 활용법만 가르쳤기 때문이라는 원인을 찾은 것이다. 마치 기초 없이 응용만 배우는 격이었다. 안전한 자전거 문화를 위해서는 먼저 올바른 개념과 인식이 자리 잡아야 한다. 그러나 지금 현실은 활용에만 집중되어 있는 것 같다.

하지만 희망은 분명히 있다. 전국 곳곳에서 같은 생각을 가진 교육자들이 활동하고 있으며, 유치원과 초등학교에서도 자전거 안전교육의 중요성을 인식하기 시작했다. 12년 후면 지금의 아이들이 부모가 되어 있을 것이고, 그때는 더 발전된 자전거 문화가 자리 잡을 것이다.

변화는 언제나 아이들로부터 시작된다. 어른들이 기존의 것을 고수하려 할 때, 아이들은 새로운 것을 받아들일 준비가 되어 있다. 이 아이들이 집으로 돌아가 부모님들의 인식도 조금씩 바꿔나갈 것이다.

"내 모습을 보고 싶다면 자녀를 보라"는 말처럼, 아이들의 행동은 우리의 거울이다. 아이들의 잘못된 행동에 화내기 전에 우리가 어떤 모습을 보여줬는지 돌아보아야 한다.

이제 자전거 문화의 새로운 출발점에 서 있다. 아이들의 맑은 눈동자에서 나는 미래의 희망을 본다. 자전거를 단순한 놀이나 운동 도구가 아닌 안전하고 가치 있는 교통수단으로 인식하는 새로운 세대가 자라나고 있기 때문이다. 이 변화된 아이들이 성인이 되었을 때 새로운 자전거 문화는 꽃이 필 것이다.

어른들의 잘못된 인식이 만든 벽을 넘어 아이들은 하나둘 변화하고 있다. 이론과 실천이 조화를 이루는 올바른 교육을 통해 그들은 자전거 문화의 새로운 주역으로 성장하고 있다.

12년 후, 이 아이들이 만들어 갈 자전거 문화는 지금과는 완전히 다른 모습일 것이다. 우리가 뿌린 작은 씨앗이 튼튼한 나무로 자라, 더 안전하고 성숙한 자전거 문화의 그늘을 만들어 낼 것이다. 변화는 아이들부터 시작되고 변화된 아이들이 새로운 문화를 만든다고 믿는다.

제3장
주행 방법으로 보는 인생

01
온몸에 힘을 빼라

자전거는 자신을 살피는 것부터 시작하고
인생도 자신을 살피면서부터 시작한다.

자전거 동호인들을 결성해서 활동하면 매출 향상에 도움이 된다고 자전거 타는 사람들이 꾸준히 조언해 주었다. 나로서는 당연히 망설여졌다. 그 사람들의 말이 순수하게 나를 위한 조언이었을까? 아니면 자전거 정비를 하는 가게 주인이 동행할 때 얻는 안정감과 기술 지원이 더 중요해서였을까? 아마 두 가지 모두 해당할 것이다.

매장을 운영하는 나에게는 어떤 상황이 벌어질까? 동호인들과 라이딩을 나가면 그 시간 동안 매장의 손님을 받을 수 없다. 매출이 줄어들어 매상에 큰 타격이 올 것 같았고, 단골손님들도 놓칠 수 있었다. 한 명의 단골손님이 수리뿐 아니라 판매에도 많은 영향력이 있기에 한 사람 한 사람의 영향력을 간과할 수 없는 것이 나의 입장이었다.

실제로 어떤 고객은 고급 자전거를 13대나 소개해 주기도 했다. 그런 고객을 놓칠 수 있다는 생각은 큰 갈등으로 다가왔다. 하지만 모든 것이 부정적인 면만 있는 것은 아니었다. 가장 중요한 것은 나를 위한 운동시간이 생기고, 자전거 라이딩 중에 매장에서 벗어날 수 있는 마음의 여유가 생긴다는 점이었다. 1년에 두 번밖에 쉬지 못했기에 어느 정도 여유로운 시간이 필요했다.

그렇게 이러지도 저러지도 못하고 시간이 흘러가던 어느 가을날, 평소 잘 알고 지내던 형이 자전거 수리를 위해 왔다. 키가 187cm 정도였으며, 체중 100kg 아래로 낮추는 것이 목표인 형은 일주일에 6번 정도 자전거를 타고 무등산 장불재를 오르시는 분이었다.

지금은 국립공원이 되어 자전거를 탈 수 없지만, 당시에는 편안하게 올라갈 수 있는 곳이었다. 제4수원지에서 장불재까지는 약 15km이며, 자갈과 모래가 섞인 가파른 구간이 두 군데 있어 바퀴가 헛돌아 올라가기 힘든 코스였다. 하지만 형은 자주 다니다 보니 등산객이 없는 시간대를 알고 계셨고, 지형에도 익숙해서 평범하게 생각하는 길이었다.

보통 등산객들은 이른 아침에 출발해 오후 3시 전에 하산하는데 늦가을이라 3시 이후면 더욱 한적한 길이 된다. 그날도 그 형은 자전거 정비를 위해 오셨는데, 브레이크 패드가 완전히 닳아 교체가 필요하다고 말한다.

"브레이크 패드는 보통 2년은 사용할 수 있는데, 어떻게 6개월 만에 닳았을까요?"

순간 나는 전에 교체해 준 패드가 불량이었나 걱정되었지만 내색하지 않았다.

"이보게, 매일 장불재를 오르내리는 데다, 내 체중도 있고, 도로 사정도 좋지 않아 브레이크를 자주 잡아야 하지 않나! 6개월이면 충분히 버틴 거야."

이 말을 듣고 안도했다. 불량이 아니었다는 안도감과 함께 호기심이 마음 깊은 곳에서 피어나기 시작했다.

'경사가 얼마나 심하면 이렇게 빨리 브레이크 패드를 교체해야 하는 걸까?'

이런 생각에 괜한 객기 섞인 말이 나오려는 것을 참으며 낮은 목소리로 중얼거리듯 말했다.

"경사도가 심한가 봅니다. 한번 가보고 싶은데요, 기회 되시면 저도 데려가 주실 수 있을까요?"

기다렸다는 듯이 형께서 대답했다.

"수리 끝나면 장불재를 혼자 올라가려고 했는데 같이 갈까?"

늦가을이라 손님도 거의 없고, 한번 가볼까 하는 막연한 생각과 호기심이 생겨서 "한번 가보고 싶기는 합니다"라고 말하고 싶었지만, 자신이 없어 망설이고 있었다. 그때 형님께서 말했다.

"1시간도 안 걸려서 올라갈 수 있고, 내려올 때는 제4수원지까지 페달 한 번도 안 밟고 내려올 수 있어."

이 말이 왜 그리 달콤하게 들리는지 모르겠다. 마침 동호인들의 권유로 고민하던 시기였고, 매장에서 벗어나고 싶은 생각도 있었던 터라 혼자 자전거 타시는 형의 제안이 귓가에 깊이 박혔다. 한마디도 놓치지 않고 듣다 보니, "1시간만 올라가면 내려올 때는 공짜"라는 말이 환상적으로 들려와 거절할 수가 없었다.

"저는 자전거를 처음 타보는데 괜찮을까요?"

내심 한발 물러서며, 혹시 모를 실수에 대비해 미리 양해를 구했다. 하지만 나중에 알고 보니 그 말은 형님께 전혀 의미 없는 것이었다. 당시에는 자전거 타는 사람이 드물어서, 처음에는 혼자 타는 게 좋았지만, 이제는 심심하고 따분해져서 누군가와 함께 타고 싶어 하셨다는 것을 알게 되었다.

"천천히 가면서 즐기다 보면 쉽고 재미있을 거야. 수리 끝나고 같이 가세."

나는 호기심이 더욱 커져갔고, "네"라는 대답이 절로 나올 것 같았다. 특히 '내려올 때는 공짜'라는 말이 달콤한 속삭임처럼 귓가를 맴돌아 더는 망설일 수 없어 마침내 나는 대답했다.

"그럴까요? 그럼 같이 가보시죠."

자전거 복장을 갖추고, 안전모를 쓰고, 공기압을 체크하고, 물도 준비했다. 1시간 거리라 이 정도면 충분하리라 생각했다. 무등산 입구 제4수원지에 도착해 페달을 돌리기 시작했다. 깊어가는 가을! 단풍이 물든 산속은 오후라 사람도 거의 없어 마음이 한결 가벼웠다.

제4수원지부터는 평지가 전혀 없는 연속되는 언덕길이었다. 심한 경사는 아니었지만, 처음 타는 나로서는 적절한 기어비도, 회전수도 찾을 수 없었다. 자전거가 무거운 건지, 언덕 때문인지, 내 몸이 무거운 건지 알 수 없었지만, 모든 것이 힘들고 고통스러웠다.

매장에서 즐기면서 가을을 마음에 담고 와야겠다는 환상을 가지고 출발하였는데, 뭔가 잘못 되어가고 있다는 생각이 들기 시작했다. 자전거로 출발한 지 채 10분도 안 되었는데 아름답게 보이던 단풍은 이제 쳐다볼 여유조차 없었다. 고개를 들기도 힘들 정도로 지쳐갔고, 그 모습은 거친 숨소리로 표출되었다. 자전거 전문가라는 사람이 낙오할 것 같다는 자존심의 상처도 잠시, 죽을 것 같은 고통 앞에서 부끄러움과 자존심은 가을 단풍 속으로 던져버렸다.

숨소리는 메아리로 들릴 만큼 거칠어져 광주 시민 모두가 들을 것만 같았다. 물을 먹기 위하여 잠시 쉬는 동안 "내려가자"고 말하고 싶었지만 잠깐 사이에 마음이 변해 버린다. 불현듯 살아난 자존심 때문에 "정상까지 얼마나 남았나요?"라고만 물었다.

다행히 "거의 다 왔다"는 대답을 들었다. 나중에 알고 보니 절반도 못 왔는데 용기를 주려고 한 말이었다. 그 말에 속아 물 한 통을 비우고, 비 오듯 쏟아지는 땀을 닦으며 다시 자전거에 올랐지만, 정상은 보이지 않았다.

"얼마나 남았어요?"라는 질문과 "이제 다 왔다"는 대답이 수차례 오갔다. 그때마다 순진하게 믿었다가 속았다는 것을 깨닫기를 반복하며, 죽을 듯 살 듯 페달을 돌렸다.

미끄러운 길과 수많은 자갈이 엉덩이를 흔들어 댈 때마다 이곳이 지옥이 아닐까 싶었다. 처음에는 단풍도 보고, 풀냄새도 맡고, 광주 시내를 바라보며 힐링하려 했던 마음은 온데간데없이 사라졌고, 이제는 쓰러지면 죽을 것 같아 살아남아야겠다는 생각뿐이었다. 길가의 단풍이나 풀벌레 소리, 차가워진 개울물 소리는 기억조차 없었다.

1시간이면 된다던 말도 거짓이었다. 거의 2시간이 걸렸다. "그만 내려갑시다"라고 말하려는 순간, 하산하는 등산객 서너 명이 중머리재 커브길로 걸어서 내려오는 게 보인다.
"우와, 대단하다! 걸어오기도 힘든데 자전거로 오다니!"
이렇게 말하며 등산객들은 박수를 쳐주었다. 또다시 자존심이 되살아났다. 가쁜 숨을 최대한 감추며 "감사합니다"라고 웃으며 인사했다. 그때 알았다. 나도 남자라는 것을!
온몸은 땀으로 범벅이 되었고, 눈으로 흘러 들어온 땀은 얼굴을 찌르듯 따가웠다. 심장소리가 등산객들에게도 들릴까 걱정될 만큼 쿵쾅거리며 요동쳤다.
남자답게 멋진 모습을 보이고 싶어 최대한 내색하지 않으려 노력했다. 등산객들이 등 뒤로 멀어지자마자 거친 숨소리가 메아리처럼 울렸고, 땀으로 인해 한쪽 눈은 감은 채로 올라갈 수밖에 없었다.
더는 못 버티겠다고 생각한 순간 멀리 장불재 쉼터가 보였다. 다행히도 그곳까지는 내리막길이었다. 목적지가 눈앞이었지만, 쉬고 난 후 다시 저 언덕길을 올라와야 한다는 생각에 망설이고 있을 때 형이 말했다.

"장불재에서 간식 먹고 쉬었다 돌아가자. 돌아가는 길은 내리막길 뿐이니 편할 거야."

마음속으로는 300m 남은 언덕을 올라올 자신이 없었지만, 여기까지 와서 돌아가면 후회할 것 같았다. 게다가 '간식'이란 말에 마음이 흔들렸다. 쉼과 간식이 나의 의식을 지배하는 순간이다. 그리고 명분을 찾는다. '어차피 여기까지 왔으니 도전하자'라는 명분을!

마침내 장불재 쉼터에 도착했다. 쉼터 벤치에 쓰러지듯 앉는다. 내놓은 간식은 사과 하나가 전부다. 그래도 행복했다. 잠깐의 여유를 누리고 주변을 보니 새로운 세상이 펼쳐져 있다.

올라올 때 보이지 않던 등산객들이 삼삼오오 모여 휴식을 취하고 있는 모습이다. 그때서야 자전거를 타고 도착한 우리를 지켜보는 모든 등산객의 시선을 느끼기 시작했다. 나는 형님에게 물었다.

"왜 사람들이 우리를 쳐다보죠?"

"부러워서 그런 거야."

"왜 부러워하죠?"

"장불재까지 자전거를 타고 올라오는 사람은 몇 명에 불과하고, 성능 좋은 자전거는 광주에 몇 대 없으니 부러워하는 거야."

이해할 수 있었다. 그 당시에는 자전거가 생활을 위한 교통 수단이었지 운동용으로 산에 다닐 수 있는 자전거는 구경하기 힘든 시기였기 때문이라는 것을 알게 되었고, 다른 하나는 자전거로 장불재에 올라오기가 더 쉽다는 것을 경험해 보지 못한 사람들은 모르기 때문이었다.

간식을 먹고 물을 마시며 잠시 쉬는 사이에 엄청난 추위가 몰려왔다. 이가 부딪치는 소리를 들으신 형이 "동생, 춥구나?"라며 방풍 재킷을 건네준다. 5분 전만 해도 온몸이 땀으로 흠뻑 젖었는데, 이제는 추위가 엄습했다. 산 아래와 고산지대의 온도 차를 실감하며 저체온증을 직접 경험하니, 형을 따라온 것이 다행이라는 생각이 들었다.

등산객들이 다가와 물었다.

"자전거로 올라오면 엄청 힘들지요?"

실은 "죽는 줄 알았다"라고 말하고 싶었지만, 이상하게도 "조금 힘들지만 올라올 만하고 재미있습니다"라고 대답했다. 자신도 모르게 허세를 부리고 있다는 걸 깨달았다.

"얼마짜리 자전거를 사면 여기를 올 수 있어요?"

"경력은 어느 정도 되세요?"

이처럼 질문들이 이어졌다. 그들의 관심은 당연했다. 당시에는 자전거로 높은 산을 오른다는 것이 일반인들에게는 상상도 못할 일이었기 때문이다.

잠시 후 긴장이 풀리자 극심한 피로가 몰려왔다. 눕고 싶었지만, 약한 모습을 보이기 싫어 힘이 넘치는 듯한 포즈로 사진을 찍었다. 등산객들은 인사를 남기고 각자의 길을 떠났다.

그때는 몰랐지만, 이 첫 도전이 나중에 동호회를 만드는 큰 밑거름이 되었고, 자전거를 제대로 배우는 새로운 길을 여는 열쇠가 될 줄은 상상도 못했다.

집에 돌아와 기절하듯 잠든 후, 며칠 동안 힘들었던 기억과 등산객들의 신기한 시선, 터질 듯했던 심장소리가 귓가에 맴돌았다. 시간이 지나고서야 죽을 것 같았던 내 모습과 대조적이었던 형님의 모습이 선명하게 떠올랐다. 형님은 숨도 덜 가빴고, 땀도 덜 흘렸으며, 힘든 기색도 적었다.

'왜 나보다 덜 힘들어하셨을까? 단순히 체력이 좋아서일까?'

이런 의문을 몇 개월간 안고 있다가 서울에서 자전거 교육을 한다는 소식을 접했다. 앞으로 동호회 리더가 되기 위해서라도 제대로 배워야겠다고 결심하고 등록했다. 자전거 활용에 관한 교육이었다.

피팅과 정비까지 배워 모든 준비가 됐다고 생각했지만, 장불재 등반 후 깨달은 죽을 듯한 나와 편안해 보이는 차이점을 설명하기 위한 논리적인 근거가 필요했었다. 이런 이유로 서울에서 배운 기술을 하나하나 되새기며 혼자 열심히 연습하고 논리적인 정립을 시작하였다.

혼자 하는 연습은 지루하고 더 힘들었지만, 가게 주인으로서의 입지를 생각하면 그럴 수밖에 없었고, 밤이면 연습과 교육 과정에서 오는 차이를 정리하면서 시간을 보냈다. 몇 개월간의 연습 끝에 큰 깨달음을 얻었다.

"온몸에 힘을 빼라."

처음 장불재를 올랐을 때 여러 이유로 지치고 고통스러웠지만, 가장 큰 원인은 자신을 제대로 파악하지 못한 것이었다. 모든 출발은 자기 자신임을 증명해 주는 원칙이 여기에도 작용한 것이었다.

'그래! 내 자신부터 살피며 접근하자.'

이게 출발이었다. 매장 운영을 핑계로 운동은 전혀 하지 않았고, 내 체력이나 근력 상태도 모른 채 무작정 힘만 쓰려 했다. 정상까지 얼마나 남았는지, 어떤 길이 이어지는지, 경사도는 얼마나 되는지도 모르고 오로지 힘만으로 페달을 돌렸으니 지옥 같은 시간이 될 수밖에 없었다. 거기에 다른 사람과 비교하기 시작한 것이었다.

우리 삶도 이와 비슷하다. 미래도, 끝도 모르면서 순간순간 모든 힘을 쏟다 보면 정작 기회가 왔을 때 잡을 힘도, 의욕도 없어 평생 기다려 온 기회를 놓치게 된다.

장불재를 올라갈 때 체력만을 고집했기에 힘들었고, 체력이 소진될수록 마음은 더욱 조급해졌던 것이다. 온몸의 힘을 뺀다는 것은 마음의 긴장을 덜어내는 것이고, 긴장이 풀려야 현재 나의 상태를 냉철하게 판단할 수 있다. 하지만 나는 순간순간의 탈출만 생각하며 계획도, 내 상태도 고려하지 않은 채 힘만 썼다.

이제야 깨달았다. 모든 출발은 내 자신에서 시작된다는 것을! 나를 먼저 돌아보고 내 상태를 파악하며, 마음을 차분히 조절했어야 했다. 그러지 못해 온몸에 긴장이 감돌았고, 조급함과 상황 판단의 실수로 정신적, 육체적 피로만 쌓여갔다.

게다가 형의 자전거 속도에 맞춰야 한다는 생각이 나를 더욱 지치게 했다. 참으로 어리석었다. 형과 나는 너무나 달랐다. 자전거 종류, 체격, 체력, 조작 능력 같은 외형적 차이는 물론, 페이스 조절, 지형 파악, 힘 분배, 익숙한 길에 대한 몸의 반응 같은 내면적 차이도 컸다.

다른 사람과 비교한 것이 두 번째 실수였다. 이 두 가지 실수는 형과 나의 '다름'을 인정하지 않아서 생긴 일이었고, 기준점을 어디에 두느냐에 결과는 달라질 수 있었다. 주변을 살펴보면 일상에서도 남을 지나치게 의식하며 사는 사람이 많다. 이기적으로 살라는 게 아니라 남의 시선에 얽매이지 말고 자신을 먼저 살피라는 의미다.

이후 친구들과 나누는 대화에서 자주 하는 말이 있다. 다른 사람과 길을 갈 때는 자신을 다스리는 데 집중하라고! 상대방에게 맞추려 하면 둘 다 멀리 가지 못하기 때문이다. 초급자들이 언덕길을 걱정할 때마다 이렇게 조언해 준다.

"온몸의 힘을 빼세요. 그러면 마음이 차분해질 겁니다. 차분한 마음으로 자신의 상태를 살피세요. 그러면 호흡이 정상으로 돌아오고 정신이 맑아지며, 불필요한 에너지 소비 없이 자신의 몸에 맞게 움직일 수 있습니다."

이 말을 듣고 나면 신기하게도 차분히 언덕을 오르기 시작하고, 판단력이 돌아와 여유롭게 주위도 살피고, 대화도 나눌 수 있게 된다. 대부분 초보자들은 안정을 찾은 뒤에도 앞서가는 사람들에게 미안해한다. 하지만 사실 숙련자들은 혼자 타면 운동량은 많지만, 지루하고 외로워서 길동무가 필요해 동호회에 나온 것이다.

처음 장불재를 올랐을 때도 형은 혼자 다니기 싫어서 나를 데려간 것이고, 빠른 속도보다는 내가 포기하지 않고 정상까지 함께 가주길 바랐다. 중간에 포기했다면 오히려 서운해했을 것이다. 자전거를 끌든 천천히 가든, 포기하지 않고 따라간 것이 형님께는 더 감사했을 것이다.

그래서 알게 됐다. 중간에 포기하는 것보다 거북이처럼 늦더라도 끝까지 같이 가주는 것을 사람들이 더 감사히 여긴다는 것을 말이다. 하지만 초보자들은 여전히 숙련자들의 속도를 못 따라간다는 미안함에 온몸에 힘이 들어간다.

기준이 남이 되는 순간 낙오가 시작된다. 내 인생의 경험도 비슷했다. 성공을 위해 앞만 보고 달리면 빠른 성취를 이룰 수는 있다고 착각했다. 하지만 함께 고생하고 즐거움을 나누지 못한 채 꽃이 피고 지고, 숲이 변하는 계절의 변화도 모르고 성공만 움켜쥐려고 했다.

성공만을 움켜쥔 사람처럼 외로운 삶은 없다. 반면 천천히 함께 가는 사람은 서로를 격려하며 추억을 만들고, 들과 숲을 나누며, 더 먼 거리를 갈 수 있다.

어느 것이 옳다고 단정 짓기는 어렵지만, 나는 느리더라도 함께 가는 삶을 선택하고 싶다. 그래서 교육생들에게도 천천히 가더라도 사고 없이 오래 함께 가자고 강조한다. 안전하고 멀리 가기 위해 '온몸의 힘을 빼고' 자신을 먼저 파악하라고 가르친다. 또한 이 말은 자전거 자세 교정 부분에서도 매우 중요하다. 골프에서 "힘 빼는 데 3년"이라는 말이 있듯이, 힘을 빼는 것은 결코 쉽지 않다.

왜 힘을 빼라고 할까? 힘이 들어가면 정확한 자세를 취할 수 없고, 원하는 대로 움직일 수 없으며, 부상의 위험도 있기 때문이다. 자전거도 마찬가지다. 상체와 하체 모두의 힘을 빼야 한다.

상체의 힘을 빼서 무게중심이 안장으로 내려야 한다고 강조한다. 어깨에 힘이 들어가면 무게중심이 높아져 균형 잡기가 어렵고, 불필요한 에너지가 낭비되며, 어깨와 목의 통증까지 생길 수 있다. 상체의 힘을 빼면 무게중심이 안장으로 내려와 안전해지고, 에너지 효율, 통증 예방, 방향 전환이 수월해진다.

다리의 힘을 빼면 페달을 밟는 위치와 힘을 빼는 타이밍을 조절할 수 있고, 불필요한 에너지 낭비를 막으며, 상체의 흔들림을 줄여 적은 에너지로도 편안한 주행이 가능하다. 하체에 힘이 들어가면 근육이 지속적으로 긴장되어 허벅지가 쉽게 지치고, 페달링의 타이밍도 어긋나 에너지가 낭비된다.

힘을 뺀다는 것은 자신을 원하는 대로 통제할 수 있다는 의미다. 체력 안배와 기량 향상을 자신의 의지대로 조절할 수 있게 된다는 말이다. 그래서 온몸의 힘을 빼고 타라고 가르친다.

모든 것을 자세히 설명할 수는 없어 간단히 "힘 빼고 편안하게 타세요"라고만 말한다. 자세한 설명이 항상 이해로 이어지는 것은 아니다. 직접 타면서 몸으로 느끼는 것도 중요하기에 스스로 안정을 찾아갈 때까지 느긋하게 기다려 준다.

힘을 빼고 나를 살피며 차분한 마음으로 다른 사람과의 차이를 인정하면 아무리 높은 언덕도 여유롭게 오를 수 있다. 인생도 마찬가지다. 긴장하고 조급하게 남과 비교하는 것은 나에게 도움이 되지 않고 스스로를 괴롭히는 일이 될 뿐이다.

긴장을 풀고 나를 돌아보며, 다른 사람과의 차이를 인정하고 나만의 길을 걸어간다면 아무리 힘하고 고통스러운 삶이라도 나만의 속도로 느긋하게 가면서 더 멀리 더 높이 갈 수 있을 것이다.

무등산 장불재를 두 번째 오를 때는 온몸의 힘을 빼고 올랐다. 한 번도 멈추지 않고 정상까지 올라갔고, 힘들거나 지치지도 않았다. 호흡마저도 편안하게 올랐다. 높은 곳에서 광주광역시 전경을 감상하고, 등산객들과 인사도 나누었으며, 길가의 나무와 다람쥐 마을도 지나갔으며, 나뭇잎 사이로 속삭이는 바람소리도 들으며 정상에 도착했다.

일행들이 이구동성으로 "체력이 엄청 좋아졌다"라고 했지만, 나는 알고 있다. 체력이 서너 달 만에 그렇게 좋아질 리 없다. 단지 내가 나 자신을 통제하는 법을 깨달았을 뿐이다. 오늘도 일행들과 언덕을 오르고 왔다.

"힘을 빼니 언덕이 두렵지 않네요. 신기합니다."

이런 말을 듣고 다행이라는 생각을 하며 집으로 돌아왔다. 자전거든, 인생이든 남의 속도에 맞추려 애쓰다 보면 우리는 쉽게 지치고 낙오된다. 하지만 온몸의 힘을 빼고 나를 잘 살피며 나만의 속도로 걸어간다면 어떤 가파른 언덕도, 어떤 힘든 삶의 고비도 넘어설 수 있다.

결국 가장 멀리 가장 높이 갈 수 있는 사람은 남의 걸음이 아닌 자신의 걸음에 귀 기울이는 사람일 것이다. 자전거는 자신을 살피는 것부터 시작하고, 인생도 자신을 살피면서부터 시작한다.

02
브레이크는 필요하다

자전거는 브레이크로 속도 조절을 하고
인생의 브레이크는 욕심을 버릴 때 조절 가능하다.

자전거 대리점에서 전문점으로 변화하는 것은 쉽지 않았다. 전문점이라는 조건을 갖추려 하니 준비할 것이 너무 많았고, 배우고 익혀야 할 것도 많아서 매일 시간이 부족할 정도로 하루가 짧게만 느껴졌다. 전문적인 자전거 지식은 그리 어렵지 않다고 생각했지만 자전거 활용, 피팅, 자세 교정, 안전수칙 등을 깊이 있게 알아야 했기에 자료를 찾고 정보를 수집하는 데 많은 시간이 필요했다.

특히 자세 교정과 피팅은 개인적으로 너무 재미있어서 시간 가는 줄도 모르고 익혔다. 이렇게 열심히 할 수 있었던 것은 그 일을 진정으로 즐겼기 때문이다. 공부하는 시간이 즐거웠고, 배운 것을 논리적으로 정립해 가는 모든 과정이 행복했다.

시간이 흐르면서 나와 매장은 조금씩 변화했다. 자전거 유행이 시작된 지 얼마 되지 않았지만, 매장 구조를 전문점에 맞게 바뀌었다. 시대적 변화에 적응해야만 살아남을 수 있다는 절박함 때문에 서둘렀는지도 모른다.

생활형 자전거는 줄어들고 고급 자전거의 비중이 늘어났으며, 벽에는 수리용 고급 부품들이 진열되어 갔다. 커피 한 잔의 여유로운 시간에 매장을 둘러볼 때마다 몇 해 전과는 많이 달라진 내부 모습에 흐뭇함과 행복감이 밀려왔다.

변화가 찾아오자 동호인들이 매장에 머무는 시간이 늘어났고, 함께 자전거를 타는 횟수도 증가했다. 자주 만나다 보니 즐거운 이야기는 물론, 불편한 이야기도 자연스레 오갔고, 개인적인 대화도 많아져 더욱 친밀해져 갔다.

누가 어떤 자전거를 샀는데 사이즈 선택을 잘못해 몸이 안 좋다거나, 어떤 동호인이 넘어져 병원에 입원했다는 등 셀 수 없이 많은 이야기들이 자연스럽게 들려왔다.

당시 광주광역시에는 자전거 전문점이 많지 않았다. 자전거 관련 업종 종사자가 적었던 데다, 지역적 유대가 강해서 가만히 있어도 광주광역시 내의 자전거 관련 소식이 모두 모이는 정보 집합소 같은 곳이 되었다. 외형적으로는 넓은 도시였지만 자전거 인구는 적고 밀접했다.

매장마다 취급하는 전문 자전거 브랜드도 많지 않았다. 모두가 걸음마 단계라고 해도 과언이 아니었다. 좁은 지역 특성상 자전거 동호인들이 타는 자전거만 봐도 어느 매장의 고객인지 쉽게 알 수 있을 정도였다. 특정 브랜드로 통일되어 있었기 때문이다.

자전거 인구가 증가하면서 의류에 대한 불편사항도 자주 접하게 되었다. 스쳐 지나가듯 나온 이야기였지만 나는 신중하게 관찰했다. 의류는 사이즈별, 디자인별, 상하의 구분 등 구색을 갖추어야 했고, 용품도 함께 취급해야 했다. 많은 공간과 구매 비용이 필요했기에 선뜻 많은 투자 비용을 감당하는 용기를 가진 매장이 없었다.

당시 우리 매장 구석에 자전거 의류 10벌 정도만 진열해 놓고 판매했다. 남자 손님들은 대충 맞으면 구매했지만, 여성 손님들은 전혀 달랐다. 디자인, 색상, 핏, 마감 처리 등 취향을 맞추기가 거의 불가능했다.

자전거 판매장 구석에 몇 벌 걸어놓고 고객들의 기대를 충족시킨다는 것은 불가능에 가까웠기 때문에 매출 비중을 두지 않고 장사에 임했다. 때로는 수리 도중 기름 묻은 손으로 옷을 만져 얼룩이 생기기도 했다. 그만큼 관리에 신경을 쓰지 않았다는 의미이다.

소비자 입장에서는 상황이 달랐다. 만져보고 확인하고 입어보기까지 하면서 신중하게 고르고 싶어 했지만 선택의 폭이 좁아 항상 아쉬워했다. 이런 이유와 상황으로 자전거 판매장 내 자전거 의류 판매는 거의 불가능했고, 독립 매장에서 관리해야 한다는 결론에 이르렀다.

불편함이 지속되다 보니 소비자들은 자연스레 인터넷 구매로 돌아셨지만, 시간이 지나면서 대부분 실패했다고 하소연하였다. 색상이 사진과 실물이 달랐고, 회사마다 사이즈가 달랐으며, 기능성도 설명과 달랐고, A/S와 교환·반품이 어려웠기 때문이다.

고객들은 대부분 연령대가 있고 경제적으로 안정된 분들이다. 자전거 입문 전 다른 운동을 하면서 기능성 의류에 대한 기본 지식이 있었기에 쉽게 만족하기 어려웠던 것이다.

당시 국내 자전거 의류 제조 공장은 2~3명이나 7~8명 정도의 소규모로 운영되는 소기업 수준이었다. 열악한 환경에서 디자인하다 보니 외국 브랜드를 모방한 제품이 많았고, 회사별로 원단 규격이 달랐으며, 한 종류씩 생산하다 보니 효율이 떨어지고 주문 후 대기 시간도 길었다.

말할 수 없이 불편했지만, 자전거 의류는 '계륵'처럼 취급할 수도, 안 할 수도 없는 상황이 지속됐다. 이런 상황에서 자전거 전문 의류 판매장이 필요하다는 말이 나오기 시작하였다.

어느 날, 자전거 의류 공장에서 다른 자전거 점포 사장님에게 대리점 제의를 했다는 소식을 들려왔다. 시범적으로 부산에서 직영점 운영 결과 가능성을 보고 본격적인 대리점 모집에 나선 것이었다.

의류 본사에서 광주까지 매장 진출을 위해 출장 왔다는 소식에 긴장할 수밖에 없었다. 부산 직영점 개설 이후 운영 상황을 비밀리에 파악해 왔던 나로서는 이미 자전거 의류 사업을 마음속으로 구상하고 있었기에 예의 주시하고 있었는데, 광주 진출 소식은 결단의 시기가 왔음을 알리는 신호로 들렸다.

수년간 인터넷 구매자들의 실패 경험과 우리 매장 고객들의 불편사항, 자전거 마니아층의 증가 추세를 지속적으로 관찰해 왔기에 이것이 기회가 될 수 있다는 확신이 있었다.

다른 자전거 대리점에 들어간 문의는 나에게 시간과의 싸움을 의미했기에 나의 빠른 결정만 남은 상황이 되어버린 것이다. 며칠간의 재검토와 고민 끝에 자전거 의류 전문 매장을 열기로 결정했다. 하지만 해결해야 할 과제가 남아 있었다.

첫째는 아내를 설득하는 일이었다. 그동안의 모니터링 결과와 손님들의 불편사항, 인터넷 구매의 한계를 설명하고 매장 운영이 승산이 있다고 말했다. 일반 등산복 판매장보다 10% 높은 마진율과 특수 의류라는 점을 강조하면서 2년만 열심히 해보자고 설득했다.

2년이라는 기간은 정확한 데이터에 근거한 것은 아니었다. 자전거 의류는 유행이 늦고 평상복처럼 가볍게 입을 수 없어 파손, 변색, 기능 저하가 적어 상품 회전이 늦다는 것을 경험으로 알고 있었다. 또한 2년 후면 다른 브랜드 매장이 2곳 정도 생기고, 자전거 인구 비율로 볼 때 시장이 포화상태가 될 것으로 예상했기 때문이었다.

둘째는 대출금이 나와야 했다. 독립 매장 위치도 선정해야만 했다. 걱정되었지만 용기를 내어 의류 공장 담당자에게 연락했다.

"대리점을 하고 싶은데 가능할까요?"

그쪽도 놀란 눈치였다. 선뜻 나서지 않던 대리점 희망자가 갑자기 나타났으니 말이다. 며칠 후 전무가 매장에 방문해 상담했다.

"왜 하시기로 결정하셨습니까?"

이 질문에 6개월간의 모니터링 결과를 나는 설명했다. 부산 직영점에 무작위로 전화해 확인해 보니 항상 손님이 있었고, 직원들의 바쁜 응대를 통해 사업 가능성을 보았다고 했다. 또한 고객들의 인터넷 구매 불편함과 자전거 점포의 제한된 구색에 대한 불만을 파악했다고 설명했다. 또한 풍부한 자전거 점포 경력과 동호인 네트워크도 언급했다.

이런저런 이야기를 나눈 후 계약이 성사되어 오픈 준비에 들어갔다. 결정 후에는 일이 신속하게 진행됐다. 매장 실내장식 공사 중에 지인들이 걱정했다. 이해할 만했다.

미개척 분야이고, 전국에서 두 번째로 오픈하는 데다, 직영이 아닌 최초의 대리점이라 통계나 성공 사례도 없었기 때문이다. 나 역시 염려되었지만, 모니터링 과정에서 확인한 꾸준한 수요를 보고 충분한 가능성이 있다고 판단했다.

실내장식이 끝나고 상품이 입고되어 홍보를 시작하고 영업을 개시하던 첫날, 심상치 않은 기분이 들었다. 개업 효과인지 첫날부터 놀라운 매출이 발생했다. 다음날 아침, 문을 열기도 전에 매장 앞이 웅성거렸고, 점심도 못 먹을 만큼 바빴다. 첫날보다 더 많은 매출이 났지만, 당시에는 그 금액이 많은지 적은지 감도 잡지 못했다.

일주일이 지나는 동안 매일 매출이 상승했고, 직원 채용이 필요하다는 결론에 이르렀다. 직원 급여가 150만 원이었기 때문에 상당한 부담으로 다가왔다. 지금까지 나와 아내 둘이서만 일해 왔기에 처음으로 지출해야 하는 직원 급여 부분이 불필요한 지출처럼 느껴졌기 때문에 두려웠다.

직원을 채용하고 새로운 마음으로 일을 이어갔다. 6개월여가 지나자 새로운 매장을 열 수 있을 만큼 경제적 여유가 생겼다. 놀라웠다. 자전거 의류 판매장의 새로운 매력을 발견한 것이다. 이대로라면 그동안의 고생에 대한 충분한 보상을 받을 수 있다고 생각하며 성공의 꿈은 과도하게 부풀어 오르기 시작하였다.

욕심은 장점만 보게 만든 모양이다. 대전에 두 번째 매장을 열기로 결정하고 뒤도 돌아보지 않고 투자했다. 오픈까지 약 2개월이 걸렸다. 대전 매장도 매출이 상승하기 시작했고, 이미 직원 채용 경험이 있어 급여에 대한 두려움 없이 과감하게 전진했다.

광주와 대전이 동시에 흑자 매출이 발생하여 금세 투자금을 회수할 것 같았으나 착각이었다. 바쁘게 살다 보니 겨울이 온다는 사실을 잊은 것이다. 자전거처럼 의류 매장도 겨울철에는 매출이 거의 없다는 걸 알면서도 계절의 흐름을 놓쳤다. 임대료, 인건비, 유지비 등이 부담으로 다가왔고, 이런 상황이 4개월이나 지속됐다. 다행히 늦가을에 모아둔 돈으로 겨울을 버틸 수 있었다.

봄이 오고 3월이 되자 매출이 다시 상승했고, 자전거 점포도 활기를 띠기 시작했다. 행복한 시간이 계속될 것 같았다. 6월경에는 순천에 세 번째 매장을 열었다. 욕심이 하늘을 찌를 정도로 커져 세상이 나를 위해 돌아가는 것 같은 착각 속에 살았다. 매장은 4개로, 직원은

6명으로 늘었다.

급여 걱정 없이 잘 되던 어느 날, 다른 브랜드의 의류 매장이 오픈한다는 소식을 들었다. 예상보다 빠른 경쟁업체의 등장이었다.

더구나 내 매장 근처에 새로운 경쟁업체가 생긴다는 소식이었다. 손님들이 나보다 더 빨리 알고 있었고, 더욱 심각한 문제는 그 지역 사람들이 넓은 인맥을 앞세워 내가 만든 기반 옆으로 온다는 점이었다. 긴장된 나날이 이어졌다. 처음에 2년을 예상했는데, 그 전에 경쟁업체가 생긴다는 것이었다.

그때부터 매장을 조용히 매물로 내놓았다. 경쟁업체의 등장은 매출 하락뿐 아니라, 타 지역 사람에 대한 공격이나 음해가 들어올 수 있었기 때문이고, 다른 이유는 여러 개의 매장을 집중 관리하기 어려웠기 때문이었다.

대전이나 순천 매장을 방문하려면 하루를 소비해야 했다. 관리가 힘들어지면서 매장 상황은 악화됐다. 손님들의 항의 전화가 빗발쳤지만, 정확한 상황 파악이 어려워 직원들을 나무랄 수도 없었다.

시간이 흐르고 매장은 팔리지 않았으며, 항의 전화는 늘어나고 소문은 더욱 나빠졌다. 새로운 경쟁업체가 문을 열었고, 매출은 예상대로 급감했다. 순천 매장에서도 비슷한 상황이 발생했다. 매출은 적자로 돌아섰고 매장 정리도, 인건비 부담도 힘들어졌다. 겨울도 다가오고 있었다.

최악의 상황으로 치닫는다는 걸 직감했다. 결국 강제 폐업을 해야 했고, 투자금 하나 건지지 못한 채 모든 매장을 정리해야 했다. 그 과정이 만 2년이 걸렸다.

거침없이 전진할 것 같았던 모든 꿈이 순식간에 무너졌다. 피해 금액은 감당하기 힘들 정도로 불어났고, 주위 사람들도 떠나갔다. 하지만 가장 힘든 건 출근할 곳이 사라졌다는 것이었다.

죽을 각오로 일구어 온 삶의 터전이 한순간에 사라져 버렸다. 25년 만에 처음으로 집에만 있어야 하는 신세가 됐다. 출근할 곳이 없다는 건 생각보다 더 큰 고통이었다. 심한 자책감에 시달렸고, 도전의식과 목표마저 사라지면서 육체와 정신이 피폐해져 갔다.

대문 밖을 나서는 것조차 꺼려졌고, 전화벨 소리도 무음으로 바꾸었다. 지식에 대한 갈망도, 새로운 꿈도 잊은 채 무의미한 나날을 보냈다. 칠흑 같은 암흑과 끝없는 수렁 속에 빠진 듯한 자포자기의 시간이었다.

문득 먼지가 가득 쌓인 내 자전거가 눈에 들어왔다. 타고 싶은 마음이 들어 먼지를 닦고 체인에 윤활유를 바르고, 타이어에 바람을 넣었다. 오래 방치해 모든 부분을 점검해야 했다.

하지만 그날은 타지 못했다. 씻지 않은 모습으로 나가기가 부끄러웠기 때문이다. 내일은 자전거를 타야겠다고 마음먹었지만, 추위를 핑계로 계속 미루기만 했다.

봄기운이 느껴지는 3월 말 화창하고 영상의 날씨에 용기를 내어 영산강 들판으로 페달을 돌렸다. 아직은 쌀쌀한 날씨 탓에 사람이 없어 좋았다. 오랜만의 라이딩 때문인지, 체력이 떨어져서인지 자전거가 유독 무겁게 느껴진다. 묵직하고 답답하게 돌아가는 바퀴를 느끼며 고장 난 곳이 있나 싶어 자꾸 살펴보았지만, 특별한 문제는 보이지 않는다.

영산강변으로 가는 낮은 언덕길이 나왔다. 한 번도 높다고 생각하지 않았던 그 오르막에서 힘들고 숨이 가빠져서 정상 근처에서 쉬어야만 했다. 사람도 없으니 천천히 가도 되겠다고 생각하고 혼자라는 사실이 또 위안을 준다.

아무도 없는 영산강변 자전거길을 홀로 달리는 동안 이런저런 생각이 순서 없이 떠오른다. 문득 내 손을 보니 브레이크 레버에 손가락이 올려져 있는 것이다.

'왜 이렇게 브레이크 레버에 손가락을 올리고 가지?'

이런 의문이 들면서 자전거 교육을 하던 내용이 떠올랐다.

"보통 사람들은 자전거 핸들 그립을 움켜쥐듯 잡습니다. 하지만 여러분들은 그립에 손을 가볍게 올리고, 엄지는 밑에 넣어 부드럽게 감싸며, 손가락은 펴서 브레이크 레버에 올려놓고 타도록 하세요."

이 생각이 스치자 눈이 번쩍 뜨였다. 순간 머리가 멍해지고 내 자신에게 화가 났다. 머리와 마음은 방향을 잃고 갈팡질팡했지만, 몸은 연습으로 체득한 동작을 정확히 수행하고 있었기 때문이다. 여기까지 생각이 미치자, 자전거 교육 당시의 모든 내용이 사진처럼 선명하게 한 장 한 장씩 기억난다. 그중에서도 교육할 때마다 강조했던 브레이크 사용법이 떠올랐다. 까마득히 먼 남의 일처럼 느껴졌던 그 교육이 지금 내게 절실히 필요했다는 걸 깨달았다.

"브레이크 사용법에는 세 가지 원칙이 있습니다. 첫째, 멈추고자 할 때. 둘째, 속도를 조절하기 위해. 셋째, 위급한 상황이나 급정거가 필요할 때. 그리고 브레이크는 50 : 50 비율로 동시에 잡아야 합니다."

속도를 조절하기 위해 브레이크를 잡으라고 가르쳤으면서 정작 나는 내 삶의 속도 조절을 하지 못했다.

"시야가 트이고 장애물이 없는 곳이나 내리막길에서는 속도를 줄여라! 달리기 좋다고 속도 조절을 못하면 사고 난다!"

이와 같이 말했던 내가 정작 내 삶의 속도는 조절할 생각조차 못했다. 상황이 달라서였을까? 아니다. 욕심 때문에 브레이크를 잡을 생각조차 하지 못했던 것이다. 끝없이 펼쳐진 들판이라고 해서 위험 요소가 없는 것이 아니고, 좋은 길이라 해도 계속되는 것도 아닌데 속도 조절을 생각조차 못했다.

사람은 신기하다. 생각이 들면 곧바로 행동으로 옮기고 싶은 충동이 생기는 것 같다. 교육할 때처럼 브레이크 잡는 법을 아무도 보지 않는 것을 확인하고 시연해 보았다. 주행 중이라 멈추거나 위급상황용이 아닌 속도 조절용 브레이크 사용법을 "이렇게 하는 것입니다"라고 큰 소리로 외치며 시연하였다.

"잘 보셨지요? 속도가 빠르거나 마음이 급할 때는 브레이크로 속도를 조절해 느긋하게 가는 것이 덜 지치고 안전하며, 즐겁게 멀리 갈 수 있습니다. 다시 한번 해봅시다!"

나에게 외치는 말이었다.

"이렇게 두 손을 이용하여 50 : 50으로 아주 아주 강하게…"

영산강변 자전거길에서 혼잣말하며 가는 내 모습이 우습기도 해서 주변을 둘러보았다. 다행히 아무도 없어 홀로 멋쩍게 웃다가 슬퍼했다를 반복했다. 아니 혼잣말 때문이 아니라 부끄러워서였다. 브레이크 사용법을 가르치던 내가 정작 내 삶의 브레이크를 잡지 못해 사고를 낸 것이 부끄러웠다.

입문자들에게 브레이크 사용법을 가르치는 이유는 두 가지다. 기본적인 브레이크 사용에 익숙해지게 하고, 내리막길에서의 속도 조절을 연습시키기 위해서다. 평소 연습하지 않으면 내리막길에서 두려움과 당황으로 통제력을 잃기 쉽기 때문에 평지에서의 연습이 필요하다.

이제 정확히 알았다. 앞을 보며 속도 조절이 필요한 순간 브레이크를 써야 하는데 나는 브레이크의 존재조차 잊은 채 달려갔다. 항상 준비한다고 생각했지만 정작 브레이크 조절은 잊고 살았던 것이다. 그래서 잘 달리는 것 같아 보이던 모든 일이 사고로 이어졌고, 그 후유증으로 아파하며 좌절과 남 탓으로 스스로를 더 아프게 했다. 모든 게 욕심 때문이었다.

무의식 중에도 위험을 감지하면 브레이크를 잡도록 가르쳤는데 정작 내 인생의 브레이크 교육은 하지 않았음을 이제야 깨달았다. 남의 일처럼 여기며 준비하지 않았다. 내게 이런 일이 일어나리라 조금도 생각지 못했던 것이 이토록 고통스러운 결과를 낳았다.

자전거와 마찬가지로 인생에도 준비된 사고는 없다. 준비되지 않은 평온함 속에서 사고는 일어나기에 최소한의 안전장치인 브레이크 교육이 필요했던 것이다. 나에게도 브레이크가 필요하다는 것을 절실히 깨닫고 다시 한번 내 실수를 되돌아본다.

나는 다시 한번 브레이크 잡는 법을 연습했다. 이번 연습은 달랐다. 과거의 실수를 되풀이하지 않겠다는 굳은 결심이 담겨 있었기 때문이다. 이번의 실패는 자전거에서뿐만 아니라 인생에서도 속도 조절이나 멈춤이 필요하다는 것을 배웠다. 그것은 마치 인생이라는 긴 여정에서 적절한 순간에 브레이크를 걸어주는 지혜를 배우는 과정이었다.

이제라도 알았으니, 다음번에는 브레이크를 강하게 잡아야겠다. 조금만 여유를 가지고 주변을 살피며 내 몸을 지켜가며 서서히 멀리 가자는 생각으로 말이다.

집으로 돌아가는 길, "속도 조절의 기능"이란 말을 몇 번이고 되새겨본다. 매장 확장이란 꿈은 틀리지 않았다. 다만 속도를 조절하는 지혜가 부족했을 뿐! 2년이란 계획으로 시작했지만, 욕심이 앞서 통제력을 잃었고, 수습하려 했을 때는 이미 늦어버렸다.

만약 그때 자전거의 속도 조절처럼 단 한 번이라도 멈춰 서서 뒤를 돌아보았더라면? 내리막길을 달리는 자전거처럼 거침없이 달리지만 않았더라면? 누군가, 아니 내 스스로라도 "브레이크를 잡아보라"라고 말했더라면?

하지만 이미 끝난 일이다. 속도를 통제하지 못해 만신창이가 된 자전거처럼, 나도 쓰러졌다. 달리기 좋은 길, 보기 좋은 내리막이라고 무작정 달린 결과는 처참했다. 넘어지고 다친 몸과 마음에는 아직도 후유증이 남아 있다.

하지만 오늘 자전거를 타면서 새롭게 깨달은 게 있다. 넘어진 사람도, 일어날 사람도 바로 나라는 것을 말이다. 내리막길처럼 쉬워 보이는 길일수록 더욱 조심해야 한다는 것을! 자전거든 인생이든 브레이크가 필요하다는 것을! 속도를 조절한다는 것은 나를 돌아보는 시간을 갖는다는 것을! 그래서 브레이크는 필요하다.

오늘도 자전거는 내게 인생의 한 조각을 가르쳐 주었다. 자전거는 브레이크로 속도를 조절하고, 인생의 브레이크는 욕심을 버릴 때 조절 가능함을 말이다.

03
두려움과 낯섦의 차이

두려움을 회피하는 무기로 사용하면
아무런 결과를 얻지 못한다.

자전거를 배우려고 하는 사람들은 두 가지를 걱정한다. 첫째는 넘어져 다치면 어쩌나 하는 두려움이고, 둘째는 힘들까 하는 걱정이다. 힘든 것은 쉽게 극복할 수 있는 부분이다. 모든 운동이나 일상에서 겪는 일들보다 덜 힘들며, 즐거움은 몇 배로 커진다는 것을 누구나 알고 있기 때문이다.

하지만 사고로 인한 두려움을 극복하기란 쉽지 않은 결정이 된다. 이런 저런 이유로 자전거를 배우기 시작하는 분들에게 처음으로 가르쳐 주는 것이 넘어지지 않는 방법이다.

"정말로 안 넘어질까요?"

이런 질문을 하는 사람도 종종 있지만, 대부분은 넘어지지 않는다고 알려준다. 두렵기 때문에 확답을 듣고 싶은 마음일 것이다. 마음의 결심을 하고 나왔지만, 두려움의 크기가 그만큼 크기 때문일 것이다.

"그럼요, 지금까지 배우신 분들 중에 다치신 분은 없으니 용기를 갖고 도전해 보세요."

바퀴가 두 개인데 어떻게 넘어지지 않겠는가? 가끔, 아주 드물게 넘어지는 경우는 있겠지만, 그런 상황이 되면 내가 무엇을 잘못했는지 스스로 원인을 파악할 수 있는 자기 인식 능력을 길러주어 반복적인 사고를 방지하는 게 더 중요하다고 생각한다.

자기 인식 능력은 스스로 원인을 파악한다고 비슷한 상황에서 자력으로 회피할 수 있는 안전 문제와 보호 방법을 자신에게서 찾을 수 있는 관점의 전환을 의미한다. 살면서 정답은 없다고들 말한다. 나 또한 그렇다고 생각한다.

정답은 없지만 비슷한 상황을 맞이하는 경우, 미리 그 위험한 상황을 만들지 않아 사고를 방지할 수 있도록 하는 것은 매우 중요하기 때문에 신경 써서 설명해 주어야 한다. 이 부분을 자세히 설명하지 않으면, 운이 안 좋아서 넘어졌다거나, 상대방의 어떠한 행동으로 내가 넘어졌다는 책임 회피적 결론을 내리기 쉽기 때문이다. 이런 책임 회피적 자세는 결국 반복되는 사고로 이어질 수밖에 없다.

이런 이유로 초급자 교육은 섬세하면서 시간적으로 여유롭게 진행해야 효과가 크다. 중심을 잡고 주행하는 것에만 초점을 맞추는 것은 필연적으로 넘어지고 부딪치고 불안해하며, 사고의 원인을 타인에게서 찾고, 운이나 자전거 도로 상황 등에서 원인을 찾으려 하며, 자전거를 위험한 물건으로 취급하는 배타적 이용자로 발전하는 경우가 많다.

사실 자전거는 타는 물건 중에서 가장 안전한 물건인데도 위험하다고 경험담을 쏟아내며 다른 자전거 이용자들이나 자전거를 배우려는 사람들에게 타면 안 되는 위험한 물건이라고 말리는 역효과를 발생시키는 경우를 종종 접한다.

넘어지지 않는 법을 익히고 나면 다음으로 이렇게 말한다.

"지금 초급자 교육은 기능교육입니다. 다른 말로 안전하게 탈 수 있는 기능교육이라는 뜻입니다. 기능교육의 목표는 기술교육과 다르게 머리로 배우는 것보다는 몸으로 익히는 교육입니다."

나는 이 점을 강조한다. 작은 동작 하나하나를 배워 나가는 동안 교육생들의 사고 발생 확률은 조금씩 낮아진다는 것을 인식시켜 자신감과 지루함을 제거해 주는 방법이다. 안다고 대충 하지 말고 열심히 따라 하라는 의미로 강조한 부분이다.

다음 단계는 "잘 탄다"는 말의 의미도 일반인들이 사용하는 의미와 다르게 설명한다. 일반적으로 "잘 탄다"는 말은 속도가 빠르고 언덕을 잘 올라간다는 의미이고, 우리가 "잘 탄다"는 의미는 다치지 않고 힘들이지 않고 탄다는 의미이다.

이 설명은 속도와 경쟁의 의미보다는 자신을 지키고 즐겁게 오래 탈 수 있는 접근 방법을 달리하려는 의도된 말이다. 자전거 중심 잡고 타는 거에 목표를 두고 왔겠지만 나는 이렇게 말해준다.

"중심을 잡는 데에는 조금 빠른 사람이나 조금 늦게 중심을 잡는 사람이나 일정 시간이 지나고 나면 차이가 없습니다. 하지만 지금 동작 하나하나를 정확하게 익힌다면 1~2년 뒤에는 혼자 배우신 분들보다 훨씬 즐겁고 안전하게 타실 것입니다. 다시 한번 말씀드리면, 동작 하나하나를 성실하게 몸으로 익힌다면 며칠 늦더라도 나중에는 더 안전하게 그리고 넘어지는 것, 다치는 것도 훨씬 적게 오래 타실 수 있을 것입니다. 그렇습니다. 처음 자전거를 배우러 오시는 분이나 대부분 자전거를 중심 잡고 탈 줄 아는 사람들은 중심 잡고 혼자 빠르게 주행하는 게 최선이라고 생각합니다. 이해합니다. 그분들은 그게 알고 있는 정보의 전부이니 그렇게 생각할 겁니다. 어릴 적 주변 사람들을 보면서 익숙해졌고, 반복되는 사람들의 행동이 자연스럽게 받아들여져 정답인 것처럼 흡수한 결과가 그런 판단을 내리지 않았을까 하는 추측을 해봅니다."

입문하는 초급자에게 필요한 동작 하나하나가 나중에 중급이나 상급으로 가는 데 상호 연결되게끔 만들었기에 그 결과가 더욱 크다는 것을 그들은 상상도 못할 것이다.

하나의 동작을 몸으로 익히고 나면 다음 동작은 쉽게 연결될 수 있도록 고민하고 수정하며, 그 중요성을 실제로 확인해 보았기 때문에, 그분들을 위해 더욱 신중하게 만든 동작인데도 입문하시는 분들이나 또는 이미 중심을 잡고 타시는 분들은 중요하게 생각하지 않고, 결과만을 빠른 시간에 완성하려는 마음이 앞서고 있다.

그런 모습을 볼 때마다 안타까움만 밀려온다. 그리고 그분들은 교육 과정 또한 빠르게 진행하자고 재촉하는 경우가 의외로 많다. 그 교육 프로그램이나 시간은 내가 정하는 나의 고유 영역인데도, 나의 영역을 조율하려고 한다.

참으로 안타까운 현실이지만 누군가는 해야 하고, 아니 내가 정말 돕고 싶어서 최선을 다해 설득해 보려 한다. 가끔 다른 자전거 교육 현장을 볼 때마다, 중심 잡기에만 초점을 맞춘 교육 방식을 사용하는 곳도 있다. 지인에게 이런 안타까운 심정을 털어놓자, 그가 흥미로운 말을 건넸다.

"그래도 거기서 배운 사람들은 그 교육을 최고로 여기고, 강사에게 감사함을 느끼며 자전거를 탄다네."

이 말을 듣고 나서야 마음을 내려놓았다.

'그럴 수도 있겠구나.'

삶에 정답은 없다는 걸 알면서도, 내 기준으로 다른 교육 방식을 평가했다는 생각이 들었다. 그렇다고 내가 연구한 방법을 포기하지는 않을 것이며, 다시 한번 기능교육의 필요성을 설명하며 본격적으로 기본 동작 익히기에 들어갈 것이다.

성인들은 이해력은 빠르지만 동작은 한 박자 늦은 편이다. 단 한 번도 자전거를 타보지 않은 사람들에게는 가장 기본적인 동작조차 낯설고 힘들다. 당연한 일이다. 지금까지 자전거와는 전혀 인연이 없었던 그들이 갑자기 내 마음대로 동작을 익히려 해도, 몸이 따라주지 않는 경우가 많기 때문이다. 그리고 낯설기 때문이다.

이럴 때는 반복을 통해 친밀감을 찾고 익숙해질 때까지 인내와 격려가 필요하다. 자전거 타는 것이 쉬운 사람들은 쉽게 생각할 수 있겠지만, 처음 접하는 사람들에게는 낯설고 부담스러울 수밖에 없다. 어려움이 닥치면 주변을 둘러보는 경향이 있다. 아마도 자신을 검증해 보려는 의도일 것이다. 이 검증은 독이 될 뿐 득이 되지는 않는다.

옆 사람과 비교하며 더욱 어색함을 느끼고, 자신의 능력을 스스로 낮추는 악영향을 낳기 때문이다. 결국 어색하고 힘든 상태에서 자신을 깎아내리는 결과를 만들어 버리는 것이다.

처음이라는 것은 누구에게나 낯설고 어색하며 불편한 것이 당연한 상황인데 본인 스스로 힘들게 만드는 경우가 많다. 생소한 동작을 반복적으로 하다 보면 차츰차츰 익숙함으로 변화되어 나만의 동작으로 바뀌어 간다고 자신감을 불어넣어 주지만, 두 눈은 다른 사람을 보기 위해 존재한다는 듯이 또다시 다른 사람을 보고 스스로 힘들어하고 있을 뿐이다.

"선생님, 옆을 보지 마시고 저만 보고 믿고 따라오십시오."

나는 이렇게 이야기한다. 믿음을 심어주어 여유를 찾아주려는 의도이다. 그리고 나면 확실히 효과가 나타난다. 자신을 보면서 자신의 상태를 확인하는 순간, 동작 하나하나가 큰 변화를 가져다준다. 그럴 때면 나보다는 당사자분들이 더 신기해한다. 그리고 잘할 수 있을 것 같은 자신감도 생기는 것 같다. 이렇게 반복 연습을 통해 동작 하나하나를 자기의 것으로 만들며 배워간다.

이 반복 동작에 의한 익숙함 뒤에는 큰 변화와 긍정의 열매가 발생한다. 그 열매는 바로 무의식적 반응 능력이다. 사람들은 위급한 상황이나 무의식적인 상태에서 위험을 감지할 경우 평상시에 몸으로 익혀둔 동작이 생각보다 먼저 행동으로 나타난다. 사고 직전이나 당황하는 순간이 발생하면 생각할 겨를도 없이 평소에 익혀둔 동작이 무의식적으로 발현된다는 뜻이다.

정리하면 반복된 연습을 하게 되면 무의식 중에 반응하고 행동하지만, 반복 연습을 하지 않은 경우에는 생각하고 난 후에야 행동하게 된다. 그 차이는 대략 1초이다. 이러한 차이는 위급상황에서 결정적인 역할을 한다. 그 짧은 1초이지만 순간의 차이가 안전과 사고를 가르는 경계가 되기 때문이다.

기존에 자전거를 탈 줄 아는 사람들이 초보보다 오히려 더 위험할 수 있는 이유가 이런 반복 연습을 안 하고 중심을 잘 잡는다는 경솔함과 잘 알고 있다고 착각하기 때문이다. 머리로는 알고 있으나 몸으로 충분한 연습을 하지 않았기에 알면서도 방어를 못하거나 너무 늦게 반응하게 된다.

안전사고 발생률을 보면, 연습을 충분히 한 사람과 하지 않은 사람 사이에는 현저한 차이가 난다. 이는 단순한 기술의 차이가 아닌, 위험상황에서의 즉각적인 대처 능력의 차이로 나타나는 것이다.

그래서 기존에 자전거를 탈 줄 아는 사람들이 새롭게 자전거를 배울 때 처음 입문하는 사람들보다 더 힘들어하고 지루해한다. 평소에 사용하던 모든 동작을 바꾸어야 하기 때문이다. 예를 들어 브레이크 잡는 방법을 설명할 때 이렇게 한다.

"브레이크는 오른손과 왼손을 모두 사용하여 강하게 50 : 50으로 동시에 잡아야 합니다."

처음 입문하는 사람은 어색할지라도 그게 전부이기 때문에 정확히 따라 하고 난 뒤에 나중에 위급한 상황이 발생했을 때 본인의 의지가 아닌 반복 연습을 통해 몸에 익숙해진 50 : 50 동작이 자연스럽게 나타난다.

하지만 기존에 자전거를 타던 사람은 핸들 그립을 두 손으로 꼭 잡고 다니던 습관이 있기 때문에 알고는 있지만, 그립에서 브레이크 레버로 손가락이 이동하는 시간이 필요하며, 급작스러운 상황이 발생했을 경우 한 박자 늦게 브레이크를 잡기 마련이다. 아주 짧은 시간이지만 사고 발생 여부가 결정된다.

"바꾸지 않고도 잘 타고 다녔는데 이렇게까지 해야 할까?"

이렇게 묻는 사람들도 많이 있다. 맞는 말이다. 이해도 된다. 그래서 강요하지는 않지만, 개념은 잡아주려고 노력한다. 나의 힘이나 능력으로는 저 사람들을 바꿀 수 없다는 것도 잘 알고 있기 때문이다.

진심으로 동작을 바꾸고 싶은 사람은 스스로 연습할 수 있게 동작과 그 동작으로 인해 발생하는 효과에 대해 개념을 잡아주며, 인지할 수 있도록 알려주는 방법밖에는 없다. 필요하다고 느끼게 되고, 절실함이 찾아오게 될 때 스스로 하나씩 바꿔 나갈 것을 희망해 본다. 이처럼 처음 입문하는 사람은 장점이 훨씬 더 크게 작용한다는 것을 알 수 있다. 그래서 기본이 중요하다는 말이 있는 것 같다.

이런 이유로 반복 연습과 개념을 잡아주며 격려로 자신감을 심어주는 지도를 해나간다. 이렇게 하루하루가 지나가다 보면 변화되는 모습을 스스로 평가하게 되고, 자신감도 생기며, 두려움도 떨쳐버리는 단계에 도달할 때쯤이 되면 중심 잡는 것은 특별한 연습이 없더라도 스스로 중심을 잡고 주행을 시작한다.

며칠간의 교육 내용은 자전거가 움직이는 순간이 되면 지금까지 배웠던 많은 기술은 하나도 기억하지 못하고 당황하며 두려워한다. 이 순간이 매우 중요하다.

"몸은 기억하니 두려워하지 마세요."

그리고 두려움을 극복하는 최고의 방법은 브레이크를 잡는 것으로 해결해야 한다고 강조하면서 스스로 두려움을 극복할 수 있도록 방법을 제시해 준다.

처음 자전거 바퀴가 움직이는 순간에는 무엇을 어떻게 해야 할지 모르고 당황하지만, 서너 번 움직이기 시작하면 안정되어 간다. 신기하게도 그 당황하는 순간에도 지금까지 연습한 동작은 정확하게 따라 하고 있다.

사람들은 환경에 적응하는 능력이 매우 우수하다고 하더니 정말 그렇다. 조금씩 조금씩 적응해 얼마 지나지 않아 중심을 잡는다. 그 것도 정확한 방법으로 행동하면서 중심을 잡아 나간다.

여기서부터 기존에 자전거를 탈 줄 알았던 사람과의 차이가 벌어지기 시작한다. 중심을 잡을 줄 알고 탔던 사람들은 지금까지 배웠던 모든 동작이 사라지고 옛날에 사용하던 자기만의 자세로 자전거를 타고 있기 때문이다. 누가 시키지도 말하지도 않았건만 신기하게도 옛날 습관으로 평소에 사용하던 모든 자세가 여과 없이 드러난다. 언제 배웠냐는 듯 너무도 다른 동작들이 나타난다.

그러나 처음 입문한 사람들은 배운 동작 그대로 사용하는 것을 볼 수 있다. 아마도 첫 입문자와 기존 사용자 간의 생각 차이 때문에 나타나는 현상이지 않나 생각해 본다. 첫 입문자는 이 교육이 전부이기 때문에 최선이라고 생각하며 절박한 마음으로 열심히 따라 해야 한다는 강한 믿음을 바탕으로 교육에 임했을 것이고, 기존 사용자들은 저 내용이 맞긴 하지만 똑같이 할 필요가 있을까? 지금까지도 잘 사용하고 잘 이용해 왔는데라고 생각하면서 머리로 받아들이는 경향이 많기 때문일 것이다. 그리고 동작 하나하나를 쉽게 받아들였기 때문에 평상시 자기의 기본 모습으로 사용하게 된다.

나는 예전에도 느꼈지만 이런 모습을 보면서 내 마음을 다시 잡아보는 나날이 되어간다. 지금 내가 잘못된 방법을 가르쳐 준다면 피해는 나를 믿는 교육생들이 받을 것이다. 그래서 자전거 활용법을 가르친다는 것은 그분들의 몸과 생명을 다루는 중요한 것이기 때문에 항상 조심하고 바르게 설명해야 한다는 마음으로 조심조심하며 교육해야 한다고 다짐해 본다.

입문할 때 목표로 삼았던 중심 잡기가 완성될 때쯤, 행복해하는 모습은 참으로 보기 좋다. 애벌레가 드디어 탈피한 것처럼 힘들고 긴 마음과 몸을 극복한 화려한 날개를 달고 새로운 모습으로 변신해 가는 시간이 온 것이기 때문이다. 옆에서 지켜보는 나도 내가 처음 중심을 잡은 것처럼 행복해지는 순간이다. 잡아주지 않았지만 스스로 극복한 자전거이기에 더욱 성취감이 클 것이다.

자전거 교육에 대한 나만의 신념이 있다. 특별한 경우를 제외하고는 자전거 중심 잡는 교육을 진행할 때 잡아주거나 밀어주기를 될 수 있으면 하지 말자는 나만의 고집이 있다. 이것 또한 나만의 원칙이지만 이유가 있다. 잡아주거나 밀어주어서 교육생이 중심을 잡고 타게 되면 조금 빠르게 중심을 잡을 수 있고, 또한 잡아주고 밀어준 도움에 감사의 마음은 생길지 모르지만, 교육생의 입장에서 보면 누구의 도움도 없이 스스로 두려움과 낯선 자전거를 극복하였다는 자기만의 성취감은 그 어떤 상황보다도 더욱 클 것이고, 만족도는 최고 이상으로 느끼게 되지 않을까 생각하기 때문이다.

물론 자존감도 매우 높아질 것이다. 이 만족도나 성취감을 나의 능력을 인정받기 위해 빼앗아서는 안 된다고 생각하기 때문에 스스로 극복할 수 있게끔 기다려 준다.

교육생들은 중심 잡기를 완성한 뒤부터는 급속도로 기량이 향상된다. 교육 시작할 때부터 익혔던 동작 하나하나가 몸이 알아서 반응해 주며, 그것도 가장 안전한 방법으로 익힌 동작이 자연스럽게 구현되니 급속도로 기량이 발전되어 간다는 것은 어찌 보면 당연하다. 이때까지도 경력이 많았던 사람들이 입문자들보다 여유롭게 자전거를 다루며 안정되게 탄다.

입문하고 중심을 잡은 지 며칠이 지나면 두 번째 목표인 승촌보를 향하게 된다. 처음에는 멀게만 느껴졌던 승촌보라는 목표가 이제는 눈앞에 다가왔다. 얼마나 기쁘고 행복하겠는가? 교육생들은 마치 새로운 세상을 발견한 듯한 감동을 표현한다.

그런 모습을 보는 나도 매우 기쁘고 행복하다. 승촌보라는 목표는 자연스럽게 달성되고, 하루하루가 행복으로 가득한 날들이 되며, 내일이 오기를 기다리는 설렘에 하루해가 너무도 짧게 느껴진다. 마치 소년 시절, 순수한 마음으로 하루하루를 설레며 보내던 그 시절로 돌아간 듯 보인다.

이렇게 새로운 입문자들은 푸르른 들판의 환희를 두 눈에 가득 담고 영산강변 억새 숲을 달리며, 바람결에 실려 오는 억새의 속삭임을 들으며 가을의 푸른 하늘을 향해 달린다. 가슴속에 행복을 차곡차곡 쌓아가며 즐거운 중급자의 길로 접어든다. 바로 이 순간부터 제2의 인생을 향한 첫 페달 젓기가 된다. 행복한 마음으로 자전거와 함께 희망을 안고 건강한 미래를 꿈꾸면서 말이다.

이 교육을 하면서 나에게도 큰 열매가 하나 열렸다. 두려움은 무지에서 오는 감정이고, 낯설음은 아직 익숙하지 않아서 오는 감정이라는 것을 배웠다. 두려움은 결코 회피의 대상이 아니며, 그것은 우리가 함께 극복해야 할 과제이며, 꾸준한 연습만이 그 해답이 된다는 것을 알게 되었다.

이 미묘한 차이를 이해하는 것이 매우 중요하다고 생각한다. 자전거에 입문하는 사람들이 겪는 두려움은 사실 낯설음이었는데, 평상시와 연결되지 않는 삶의 동선이 두려움으로 착각을 일으키는 부분이 많다는 것을 알게 되었다.

우리의 인생에서도 마찬가지다. 두려움을 회피의 무기로 사용하면 결코 성장할 수 없다는 것을 나는 수많은 교육생들을 통해 배웠다. 그래서 나는 늘 강조한다. 용기를 내어 첫걸음을 떼는 것이 중요하다고 말이다. 그 낯선 것을 익숙한 것으로 바꾸어 가는 작은 도전들이 모여 삶을 더욱 풍요롭게 만든다는 것을 알게 되었다.

두려워하지 말고, 용기를 내어 한 걸음 한 걸음 나아가길 바란다. 가다 보면 반드시 도움을 줄 수 있는 조력자가 나타날 것이니 용기를 내어 한 걸음 나아가 보라고 말하고 싶다.

04
자전거는 보는 방향으로 간다

지금 이 자리에 내가 서 있는 이유는
내가 이 길을 보고 왔기 때문이다.

사람들은 자신의 경험과 익숙한 환경에서 얻은 결과를 바탕으로 미래를 결정하는 경향이 있다. 낯설거나 생소한 경험, 조언은 "내 경우와는 다르다"며 배척하려 든다. 나 역시 지금까지 그렇게 살아왔음을 고백한다.

자전거 대리점에서 전문점으로 변모해 가는 제2의 변화 시기가 다가올 것이라는 확신으로 기술을 연마했다. 그러다 보니 어느새 자전거에 대한 긍지와 자부심이 생겼다. 어떤 질문에도 막힘없이 답할 수 있고, 어떤 고장도 고칠 수 있는 기술을 익혔으니 나만의 고집이 생긴 것은 당연했을지도 모른다.

"기술자들은 똥고집이 세다."

이런 어른들의 말씀이 바로 나를 두고 하신 말씀 같던 시기였다. 기술자의 고집은 양면성을 지닌 것 같다. 좋은 점은 신뢰성과 전문성을 높이고, 차별화된 A/S를 가능하게 한다는 것이다. 반면 나쁜 점은 건방져 보이고, 타협 없이 불친절해 보인다는 것이다.

자전거에 대한 자신감이 넘치던 시기라 제2의 변화에도 잘 적응할 것이라 자신했지만 현실은 달랐다. 자전거가 운동용으로 고급화되는 시대에 접어들면서 처절한 좌절을 맛보아야 했기 때문이다. 나를 겸손하게 만든 시기는 내 가게 주변에 대형 매장이 들어선 후부터이다. 이상하게도 고객들은 문의만 할 뿐 고급 자전거는 다른 곳에서 구매하는 것이다. 더욱 이상했던 것은 다른 매장에서 구매한 자전거를 무상 A/S를 나에게 받으려 한다는 점이었다.

"자전거는 구입한 곳에서 A/S가 가능합니다."

이렇게 말해도 소비자들은 무상 A/S를 요구했다. 이는 사회적 관습의 문제였다. 부품 교환을 제외한 일반 공임이나 지적, 기술적 노하우는 '서비스'로 간주하는 묵시적 규칙 때문이었다. 특히 연령대가 높을수록 이런 기술적 지식에 대한 비용 지불을 꺼리는 문화가 만연했다.

"미친 짓이야!"

혼자 불평을 해보지만 문화는 하루아침에 바뀌지 않는다는 것을 알고 있다. 내 힘으로 해결할 수 없었다. 수많은 손님을 설득하는 것도, 맞서 싸우는 것도, 문화를 급격히 바꾸는 것도 불가능했다. 지금껏 살아오면서 이렇게 난처한 상황은 처음이었다. 많은 시행착오를 겪고 난 후에 결론을 내린다.

"돈에 졌다고."

몇 달간 잠을 설치며 고민한 결과이다. 정비기술, 활용기술, 피팅 기술, 자세 등 자전거 관련 모든 기술을 익혔음에도 소비자들을 설득하는 데 실패했기 때문이다. 자전거를 계속해야 하는가? 손님들을 어떻게 포기할 것인가? 시대에 맞춰 매장을 어떻게 꾸며야 하는가? 자금은 어떻게 마련할 것인가? 고민이 깊어질수록 수렁에 빠지는 듯했다.

내 힘으로 할 수 있는 일이 없다는 사실이 가장 큰 좌절을 안겼다. 돈도 없고, 은행 신용도 없었으며, 도움을 청할 만한 가족도 없었다. 경제적 어려움보다 무력감이 더 힘들었다.

몇 달이 고민하다가 문득 나의 장단점을 찾아보았다. 장점이라곤 기술밖에 없었고, 나머지는 모두 단점으로 보였다. 인생을 잘못 살았나 하는 비참한 생각마저 들었다. 가진 것, 지킬 것이 없을 때 희망을 버린다고 한다.

이제 나의 선택만 남았다. 기술이 부족한 척하며 수익을 창출할 것인가? 금전적 투자로 고급화를 추구할 것인가? 현상 유지로 안주할 것인가? 모든 경쟁자를 뛰어넘는 나만의 성을 쌓을 것인가?

열심히 살아왔는데 어려운 결정은 내 몫이 되었다. 양심은 버릴 수 없고, 투자는 불가능하다. 새벽 금당산 약수터에서 시원한 바람을 맞으며 깨달았다. 나의 단점이자 장점인 공통 분모, 즉 거짓말하지 않는 것!

어릴 적부터 거짓말은 남을 속이기 전에 내 자신을 속이는 것이라고 생각했다. 내가 나를 속인다면 내 존재의 의미가 없다고 믿으며 살아왔다. 이 공통 분모가 마음을 흔들었다. 살아가야 하는 명분을 찾고 있었는지 모른다. 마음속으로 굳게 다짐하게 되는 순간이다.

'돈에는 졌지만, 기술로는 절대 지지 말자.'

자전거 관련 일은 내가 가장 잘하고 즐겁게 할 수 있는 일이었다. 한 번뿐인 인생, 최소한 이 분야에서는 최고라는 소리를 들어보자는 각오로 더욱 열심히 노력하자고 다짐했다.

그 이후 나는 자전거 교육에 뛰어들어 학교, 공공기관, 성인을 대상으로 자전거 안전, 피팅, 활용법 등을 가르쳐 왔다. 변화해 가는 학생들, 성인들, 지도자들의 모습을 보며 나 자신이 더 행복했다.

그들이 자전거를 즐기며 느끼는 건강과 행복이 마치 나의 것인 양 대리만족을 느꼈다. 교육이 일상이 되어버렸다. 페달이 멈추면 자전거가 넘어지듯, 나는 아직 살아있음을 느끼며 오늘도 초급자 교육을 시작한다.

초급자 첫날은 늘 긴장감이 감도는 분위기다. 낯선 사람들과 처음 자전거를 접하는 부담감 때문일 것이다. 하지만 첫날이 지나면 분위기는 한결 자연스러워진다. 시간이 흘러도 반복되는 재미있는 이야기가 있다.

"나는 자전거 타면서 제일 무서운 것이 전봇대다."

가만히 있는 전봇대에 부딪친다는 것이다. 한 사람이 이 말을 꺼내면 다들 박수치며 "나도 그랬다"며 공감하고 웃는다. 어떤 이는 길가의 아이들을 향해 자전거가 움직여 놀랐다는 경험을, 또 어떤 이는 자전거 도로의 볼라드(차량 진입 방지물)에 부딪힌 이야기를 한다. 모두가 즐거운 공감대 속에서 서로를 위로한다.

이런 웃음 속에는 자전거 배우기를 미뤄온 두려움에 대한 변명이 숨어 있다. 휴식 후 수업이 시작되면 "자전거는 보는 방향으로 갑니다"라고 강조한다. 숙련자에겐 당연한 말이지만, 초보자에겐 매우 중요한 원리다.

"지금부터 자전거는 보는 방향으로 간다는 의미를 설명하겠습니다. 자전거 핸들의 기능을 아세요?"

이렇게 물으면 대부분은 답한다.

"방향을 조정하기 위해서입니다."

"틀린 말은 아니지만, 핸들은 방향 전환보다 자전거의 중심을 잡는 것이 주된 기능입니다. 핸들이 고정되어 있다면 중심을 절대 잡을 수 없기 때문입니다."

호기심 가득한 눈으로 교육생들은 나를 바라보고 있다. 조금 전의 웃음으로 두려움을 승화했던 순간을 되새기는 듯하다. 나는 다시 질문을 던진다.

"방향 전환을 하는 방법이 있습니다. 어떻게 해야 할까요?"

침묵 속에서 다음 설명을 이어간다.

"방향 전환의 핵심은 시선 처리입니다. 시선 → 머리 → 어깨 → 자전거, 이 순서대로 움직입니다."

직접 한 동작 한 동작 시연해 가면서 설명한다.

"눈으로 가고 싶은 곳을 보면 시선을 따라 사람의 머리가 따라가고 머리의 움직이는 방향으로 가슴이 열립니다. 그리고 나면 가슴이 열린 방향으로 자전거는 움직이게 되어 있답니다. 즉, 여러분이 전봇대나 볼라드, 어린이를 두려워하며 쳐다보았기에 결국 그쪽으로 자전거가 향했던 겁니다. 두려운 것을 피하려고 더욱 응시할수록 그 위험에서 벗어나기 어려워집니다. 자전거는 보는 방향으로 갑니다. 이 말을 꼭 기억하세요. 무섭거나 두려운 것이 나타나도 마음을 다잡고 가고 싶은 방향만 바라보세요. 그러면 자연스럽게 그곳으로 갈 수 있습니다."

이 원리는 내 인생에서도 증명되었다. 위기의 순간 나는 자전거만을 바라보았다. 그것만이 내가 아는 것이었고, 가장 잘하는 것이었으며, 가장 행복을 느끼는 일이었기 때문이다. 결국 나는 갈등 속에서 다시 자전거의 세계로 다시 들어왔다.

자전거의 원리는 인생의 원리와 같았다. 앞으로도 나는 내가 좋아하는 것, 하고 싶은 것, 행복을 느끼는 것을 바라보며 살 것이다. 그러면 내 인생도 그 방향으로 흘러갈 것이다.

"남들의 시선은 그들의 것일 뿐입니다. 여러분이 지금 이 자리에 서 있는 것은 스스로 바라보고, 동경하고, 선택했기 때문에 이 자리에 서 있는 것입니다. 자전거는 보는 방향으로 가듯이 여러분의 인생도 보는 방향으로 왔기 때문입니다."

새로운 세상을 보고 싶다면 그곳을 향해 시선을 돌려라. 진정으로 원하는 곳을 바라본다면 반드시 새로운 세상이 여러분을 기다리고 있을 것이다.

지금 내가 이 자리에 서 있는 이유는 내가 이 길을 보고 왔기 때문이다. 현재 서 있는 이 자리는 나의 수많은 선택의 결과인 것이다. 자전거는 보는 방향으로 가듯이 우리의 인생도 보는 방향으로 간다. 세상을 원망하지 말자. 남들을 탓하지도 말자. 내가 다른 곳을 보면 해결될 일이다. 그리고 지금 아무 일도 일어나지 않았다면 아무것도 선택하지 않았다는 뜻이다.

"자전거는 보는 방향으로 가듯이 인생도 보는 방향으로 간다."

05
지도가 아니라 지지를 하라!

지도는 전문가 영역이고
지지는 우리의 영역이다.

  자전거 운동의 효과를 체감하면서 많은 사람들이 자전거를 운동 수단으로 선택하여 자전거 인구가 증가하였고, 이러한 추세는 앞으로도 지속될 가능성이 크다. 대중의 관심을 끈다는 것은 새로운 산업과 문화를 만드는 현시대를 대변하는 중요한 전환점이다.
  현재 전국적으로 지자체별로 실시하고 있는 자전거 무료 교육도 이러한 변화에 큰 영향을 미치고 있다. 특히 성인 여성들과 청장년층에서 자전거 학습 욕구가 높아지면서 자전거 문화는 더욱 확산될 것으로 예상된다. 자전거 운동이 활발해지면서 동호회도 늘어나고 있는데, 적게는 3~4명에서, 많게는 수십 명 규모의 단체가 생겨나고 있다.

동호인들은 산과 들, 지역 명소나 맛집 탐방을 위해 함께 모여 다닌다. 혼자서는 지루하고 힘들 수 있으며, 예기치 못한 안전사고나 자전거 고장 시 대처가 어려우므로 서로를 의지하며 안전을 도모하고자 동호회를 구성하는 자전거 문화가 형성되어 가는 과정이다.

우리 동호회도 그러한 목적으로 만들어졌다. 남성 회원 12명, 여성 회원 6명으로 구성된 작은 규모였다. 목적지를 정하고 자전거를 정비한 후, 서로의 건강 상태를 점검하고 출발했다.

자전거는 느린 것 같지만 의외로 장거리 이동이 가능한 수단이다. 하루에 수십 킬로미터, 때로는 백 킬로미터 이상을 주행하기도 한다. 자전거는 오랜 시간 달릴 수 있는 매력이 있으며, 시간과 공간의 제약을 크게 받지 않는 운동이다. 때로는 마음이 답답하거나 잠이 오지 않을 때 혼자서도 훌쩍 다녀올 수 있는 자유로움이 있어 많은 사람들이 선호하는 것 같다.

입문자들은 모든 면에서 어려움을 겪는다. 자전거라는 도구가 생소하고 미숙한 조작으로 인해 원활한 주행이 어렵기 때문이다. 그럼에도 함께 달리는 이유는 단순한 운동을 넘어 즐거움을 나누고, 서로의 안전을 지켜주며, 장시간의 지루함을 달래기 위해서임을 모두가 잘 알고 있다.

열심히 노력해도 개인마다 한계에 부딪히는 순간은 반드시 온다. 이를 극복하기 위해 체력적 한계를 인식하고 자전거의 성능과 활용 방법을 찾아보지만 해결책을 찾기는 쉽지 않다.

이때부터 기술적 자문을 구하게 되는데 이는 자전거에 대한 기본적인 이해가 생겼다는 의미이다. 그 후에는 자세 교정과 피팅[6]을 정식으로 받기 시작하고, 기계적 특성과 활용법을 익히게 된다.

모든 운동이 그렇듯 자전거도 올바른 자세가 기본이다. 바른 자세 유지는 체력 소모를 줄이고, 부상을 방지하며, 기술적, 기능적 활용법을 향상시킨다. 전문적인 피팅을 통해 부상 방지, 기량 향상, 체력 안배가 가능해져 최상의 컨디션으로 운동할 수 있게 된다.

자신의 체력 향상은 꾸준한 노력과 연습으로 이루어지며, 자전거의 기계적 특성 또한 시간에 비례하여 향상된다. 기술 발달에 비례하여 향상되어 간다. 즉, 자세 교정, 피팅, 체력 증진의 기준은 자신의 신체가 기준이 되는 것이다.

한 가지 고려할 점은 기계적 성능인데, 이는 자전거 자체가 가진 고유 특성이기 때문에 이용자가 임의로 해결할 수 없으며, 단지 목적에 맞게 선택만 가능한 부분이다. 이러한 이유로 자세 교정, 피팅, 코어 운동 등이 발전하였으며, 이를 통해 더욱 즐겁고 안전하게, 그리고 오랫동안 자전거를 즐길 수 있게 되었다.

자세 교정은 개인마다 체력, 복근량, 허벅지와 등 근육량, 신체 유연성에 따라 달라질 수 있다. 예를 들어, 내장 비만이 있는 사람에게

---

6 피팅 : 자전거를 체형에 맞추는 작업

공기저항을 최소화하기 위한 에어로 자세[7]를 강요한다면, 허리에 무리가 가고 호흡이 원활하지 못해 쉽게 지치게 될 것이다. 자세 교정은 신체의 모든 부분을 종합적으로 고려해야 하므로, 매우 신중히 접근해야 하며, 비전문가가 함부로 교정해서는 안 된다.

무리한 자세 교정은 부상이나 운동 능률 저하, 신체적 고통으로 이어질 수 있다. 피팅 역시 마찬가지다. 피팅은 자세 교정이 완성된 후에 이루어지는 고난도의 조정 기술로, 부상 방지와 기량 향상을 위해 자전거와 사람의 신체를 맞춰 나가는 전문적인 기술이 필요하다.

나에게도 자세 교정을 요청하는 경우가 많은데, 매우 신중하고 조심스럽게 접근한다. 최소 30분 이상 현재 주행 모습을 관찰하며, 평지 주행 스타일인지 업힐 스타일인지, 페달링 방식(누르기, 돌리기, 찍기), 복부 비만 여부, 허리 유연성, 호흡 상태 등을 종합적으로 파악한다.

문제점이 발견되면 그 원인을 찾아내는 것부터 시작한다. 복근 사용 부족, 핸들 높이 문제, 자전거 크기의 적합성, 안장 착석 자세, 어깨 긴장도, 그립 잡는 방식, 신체 유연성, 부상이나 장애 여부, 스템 선택의 적절성 등을 고려하여 단계적으로 원인을 제거하며 교정한다.

---

7   에어로 자세 : 자전거 고속 주행을 목적으로 바람의 저항을 줄이기 위한 특유의 자전거 주행 자세이다.

피팅 역시 비슷한 과정을 거치는데, 이는 많은 시간과 관찰력, 그리고 풍부한 경험이 필요한 전문적인 영역이다. 완벽하진 않더라도 부상 없이 기량을 향상시키고 오래 탈 수 있도록 최선을 다해 도움을 주어야 한다.

축적된 지식과 경험, 그리고 날카로운 관찰력으로 모든 상황과 동작을 분석하고 평가하여 신중하게 조언을 하지만 늘 부족함을 느낀다. 최선을 다한 후에도 최소한의 예의가 없을 때 서운함을 느끼는 것은 어쩔 수 없는 감정일 것이다.

중요한 것은 잘하고 못하고가 아니다. 최선을 다했다는 것은 나의 모든 정성과 노력과 기술력이 들어갔다는 의미이기에, 존중받고 싶은 것은 어쩔 수 없는 본능인 것 같다. 그렇게 힘들게 관찰하고 교정해 주었는데, 지나가는 다른 일행 중 한 사람이 한마디 툭 던진다.

"자세가 불편해 보이는데 상체 좀 낮춰보세요. 그러면 훨씬 편하게 잘 나갈 것입니다."

"네네, 감사합니다."

입문자는 이렇게 대답하더니, 내가 교정해 준 모든 것을 무시하듯 망설임 없이 상체를 깊숙이 숙이는 자세를 취한다. 그러더니 혼잣말처럼 중얼거린다.

"이 자세가 훨씬 잘 나가고 좋네요."

'젠장! 지금까지 몇 시간에 걸쳐 파악하고 진단하고 조정하고 교정해 준 나는 멍청이인가?'

이런 생각과 함께 무시당했다는 결론에 도달한다. 스쳐 지나가는 저 사람의 실력과 통찰력, 기술이 얼마나 뛰어난지는 모르지만, 자존심이 상한다. 저 사람보다 부족한 사람에게 왜 도움을 요청했는지 상식적으로 이해할 수 없다.

몇 번은 그럴 수 있다고 생각했지만, 바보가 된 듯한 느낌보다는 치욕스럽다는 표현이 더 적절할 것이다. 겉으로는 괜찮은 척 아무런 마음의 동요가 없는 것처럼 행동한다. 이런 행동을 이해하려 많은 시간을 보내며 이유를 찾아보았다.

그 결과는 이렇다. 그들은 '피팅 증후군'을 모르기 때문이다. 어떤 자세를 지속적으로 유지할 때 그 자세에 맞는 근육이 지속적으로 사용되면서 시간에 비례하여 그 근육은 지쳐간다. 이때 자세의 변화를 주면 순간적으로 편안하고 쉽게 느껴진다. 이유는 자세가 바뀌는 순간 다른 근육이 사용되기 때문이다.

이 피팅 증후군은 순간적일 뿐, 결코 올바른 것이 아닌데도 짧은 편안함과 속도감을 느끼는 순간 마치 잘못 배운 것처럼 착각해 버린다.

'그래, 그들은 피팅 증후군을 이해하지 못해서 발생한 것이 맞을 것이다.'

이렇게라도 생각하지 않으면 이해가 되지 않고 내가 더 아프기 때문에 만든 나만의 합리화일지라도 모른다. 비논리적으로 접근하더라도 나를 지키는 명분이 필요하기 때문이다.

반복되는 일상, 반복되는 문제를 견딜 만한 사람은 그리 많지 않을 것이다. 나 또한 입을 닫기 시작했다. 내가 보는 눈과 다른 사람들이 보는 눈은 다르다는 것을 알지만 회피해야만 한다.

"잘못된 최선은 최선일수록 최악을 낳는다."

이런 말이 있다. 그 선생님은 전문가도 아니고, 심사숙고하여 건넨 말도 아니며, 깊이 연구하거나 고민하지도 않고 순수하게 도움을 주고 싶은 마음으로 "자세를 낮춰보세요"라고 말했을 것이다.

순수한 마음이라 할지라도 그 책임은 누가 짊어질 것인가? 초보자의 호흡이 거칠어져 낙오하거나 시간에 비례하여 더욱 지쳐가는 것은 어떻게 할 것인가? 그리고 배에 힘이 빠져 무게중심이 어깨로 가 불안한 주행으로 낙차 사고가 나면 누가 책임질 것인가?

척추 기립근이 약한 사람에게 무리하게 에어로 자세를 강요하여 허리 통증이나 부상을 입게 된다면, 그 책임은 누구에게 있을까? 더욱 안타까운 것은 피로 누적으로 인한 집중력 저하가 순간 판단 능력을 떨어뜨려 안전사고의 위험을 높인다는 점이다. 결국 이 모든 부작용의 책임은 고스란히 받아들이는 자의 몫이 된다.

더 큰 문제는 입문자들이 자신에게 해가 되는 이 결정이 '친절한' 조언자의 말에서 비롯되었다는 사실을 전혀 인지하지 못한다는 점이다. 이로 인해 같은 상황이 끊임없이 반복되는 악순환이 이어진다. 선의로 건넨 조언이 결과적으로는 조언을 받은 사람에게 피해를 주는 아이러니한 상황이 계속되는 것이다. 나는 이런 상황을 볼 때마다 마음속으로 외친다.

'진심으로 도움을 주고 싶으시다면, 지도가 아닌 지지를 해주세요.'

처음에는 달콤한 조언을 해주는 지도자가 필요해 보일지 모르나, 시간이 지나면 단순 경험에 근거한 조언은 의미가 없다는 것을 깨닫게 된다. 어설픈 단편적 지식으로 하는 지도는 오히려 독이 될 수 있다. 대신 이렇게 말해주면 어떨까 생각해 본다.

"잘하고 계십니다. 처음이라 힘들고 어려우시겠지만, 저도 그랬으니까요. 무리하지 마시고 편안한 마음으로 가시죠. 처음치고는 정말 잘하고 계십니다."

이런 지지의 말은 안정된 마음과 자신감을 선물하고 조급함을 덜어준다. 마음의 안정은 집중력을 높여주고, 이는 자연스럽게 부상 위험도 줄여준다. 피팅 증후군처럼 순간의 편안함이 아닌, 지속적인 긍정적 효과를 가져오는 것이다.

나는 일상에서 과묵한 사람으로 통한다. 하지만 실은 할 말이 너무 많은 사람이다. 다만 의미 없는 말을 하지 않기 위해 침묵을 선택할 뿐이다. 오늘도 자전거 초보자들은 어디선가 힘든 주행을 이어가고 있다. 이들에게 진정으로 필요한 것은 검증되지 않은 조언이 아닌, 따뜻한 지지의 말이다.

전문적인 지도는 전문가들의 몫으로 남겨두고 우리는 서로를 응원하고 지지하는 동반자가 되어주는 것이 더 나은 선택일 것이다. 지도는 전문가 영역이고, 지지는 우리의 영역임을 기억하며 같이 나아가야 할 것 같다.

제4장
모든 열쇠는 나에게 있다

01
친절한 접근이
나를 망가트리고 있다

도움을 줄 때는 상대방이 원하는 것을 주고
도움을 받을 때는 내가 원하는 것을 받아라.

자전거를 타고 달리다 보면 생각보다 먼 거리를 와버린 사실을 깨닫게 될 때가 있다. 앞만 보고 왔기에 돌아가야 한다는 생각을 잠시 잊어버린 것이다.

'이런, 너무 멀리 와버렸군!'

이렇게 느끼는 순간부터 마음은 조급해진다. 그러나 방법이 없다. 반드시 돌아가야만 하기 때문이다. 이때부터 시간을 확인하고, 왔던 길과 거리를 되짚어보기 시작한다. 마음의 변화가 생긴 것이다. 마음이 변하니 생각도 바뀌어, 빠른 시간 내에 출발점으로 돌아가야 한다는 숙제를 스스로에게 부여해 버린 것이다.

이로 인해 가볍게 즐기던 주행이 의무가 되어버리는 순간으로 변해버린다. 조금 늦게 돌아간다고 문제될 것이 없는데도, 집이라는 목적지를 정하는 순간부터 스스로를 쥐어짜게 된다. 출발할 때처럼 반드시 어디까지 가겠다고 정하지 않았다면 편안하고 여유롭게 돌아갈 수 있는 여행인데, 스스로를 압박하는 수단이 되어버린 것이다.

거기에 자전거까지 말썽을 피운다면 자포자기의 상황에 처하게 된다. 스스로 해결하기 어려운 상황이라 판단되면 누구에게 도움을 청할까 고민하게 되고, 나를 도와줄 수 있는 사람을 찾게 된다.

혼자 타는 자전거의 장점도 많지만, 해결할 수 없는 상황에서 서로 힘이 될 수 있는 동행이 필요하다는 것을 깨닫고 나서부터 단체 주행하는 동호회에 가입하게 된다.

시작은 혼자였지만, 어려운 상황을 쉽게 극복하고 도움을 받기 위해 동호회에 가입하게 되는 과정인 것이다. 함께하자는 의미보다는 자신을 지키기 위한 선택인 셈이다.

이제 혼자 즐기려던 자전거가 '우리'라는 과정으로 바뀌어 가는 자연스러운 흐름이 시작된다. 새로운 환경은 흥분과 기대를 가득 담아 긍정적으로 평가하게 만드는 신기한 힘을 가지고 있어 생각의 굴레에서 벗어나지 못하게 만들며, 뒤를 돌아보지 못하게 하는 과오를 만들고 만다.

착오인 것이다. 자신을 지키기 위해 가입을 결심하고서는 좋은 관계나 '우리'라는 희망을 갖게 되는 것이 웃기지만, 사람들은 그렇게 어울리기 시작한다. 상황은 바뀌었지만 결국 같은 물결임을 모른 채 흘러가는 물결에 다시 한번 자신을 스스로 재촉하는 의무의 물결이 되어 무리 속에 섞여간다.

　동호회 일원으로 가입했지만, 자신을 지키기 위해 '우리'라는 불편함을 감수해 보지만, 시간이 지나면 그 불편함이 싫어져 다시 혼자 타는 것을 선호하게 된다. 이렇게 순환 과정은 반복된다.

　이것이 사람 마음의 흐름이다. 강물이 흐르듯 사람의 마음도 흘러간다. 마음의 물결이 흐르듯 동호회는 그리 오래 유지되지 못하고, 밀물처럼 모였다가 썰물처럼 빠져나가면서 구성원 대부분이 물갈이하듯 바뀌어 간다. 너무도 다정하고 배려하던 분위기였는데, 떠나고 난 자리는 실망스러운 마음과 아픈 말만 남기고 새로운 사람들로 바뀌어 가는 것이다.

　어느 정도 이해할 수 있는 부분은 있다. 자신을 지키기 위해 사람들이 필요했고, 순수하게 운동을 목적으로 뭉쳤으며, 다른 사람들에게 기준을 맞추지 않았기 때문이다. 배려나 양보가 부족한 것이 아니라 자기 자신이 중심이 되었기에 상대방에 대한 서운한 마음으로 발전되어 가는 순환 과정인 것이다.

　다름을 인정하기보다는 나의 기준에 맞추고 싶어 하고, 초보 라이더보다는 숙련된 라이더를 기준으로 삼으며, 개인의 체력보다는 자전거의 성능에 더 의지한다. 타인과의 비교로 인한 마음의 상처로 이어지는 악순환이 계속되는 것이다.

　일반적으로 육체적 고통은 극복하려 노력하지만, 자존심에 상처를 입으면 자신을 보호하려는 본능이 강하게 작용한다. 이러한 마음의 상처로 동호회 탈퇴를 준비하고, 탈퇴를 위한 명분을 만들어 간다.

그 순간부터 '혼란'이 찾아오는데, 이 단계에 이르면 필연적으로 해체의 과정으로 이어진다. 그러나 아무도 그 서운함의 근원을 알지 못하고 인식하지 못한 채 혼돈의 시간으로 깊숙이 빠져들며, 결국 동호회 탈퇴라는 결과를 낳아 떠난 자나 남은 자 모두에게 아쉬움으로 남는다.

아무도 원인을 알지 못하지만, 또다시 회원을 모집하고 가입하며, 산으로 들로 삼삼오오 무리 지어 힘찬 페달질로 새로운 길을 개척해 나간다.

특히 자전거를 잘 탄다고 생각하는 경력자분들이 조심해야 할 것이 있다. 새로운 회원이나 초보자들이 가입할 때, 선한 마음과 배려하는 마음으로 도움을 주고 싶어 자상한 지도를 하며 즐겁게 타기를 바라고 오래 함께하기를 희망한다. 그 따스한 마음과 친절함은 좋아 보이지만, 이는 혼란을 일으키는 새로운 파멸의 씨앗이 되어간다.

공신력 있는 지도자 자격을 갖추지 않은 경우 새로 가입한 회원은 다른 곳에서 많은 이야기를 듣고 왔기에 상충하는 친절함을 의심하게 되고, 그 의심은 강요로 받아들여지면서 거부 반응으로 이어진다. 이렇게 부정적 감정과 부담으로 이어지다 보면 얼마 지나지 않아 자존심 싸움으로 발전하게 되고, 이는 서로를 나쁜 관계로 만드는 길이 된다. 이처럼 친절함이 또다시 혼란으로 발전해 가는 것이다.

해결 방법을 완벽히 알 수는 없지만, 나는 이렇게 한다.

"기술적이거나 자전거 활용에 관해 먼저 말하지 말고 질문에만 대답하며, 도움을 요청하기 전에는 절대 도와주지 말자."

가끔 "괜찮으세요?"라고 관심만 보여주는 것이 최선인 것 같다. 빠르게 가까워지지는 않겠지만, 태풍은 몰아치지 않을 것이기 때문이다. 마음의 상처를 입지 않는다는 말이다.

그들은 자신을 지키기 위해 동호회에 가입했기에 자신을 지키는 데 방해가 되는 순간 거부한다는 것을 알아야 한다. 친절한 도움의 손길이 오히려 관계를 망가트리고 있는 것이다. 친절한 마음으로 접근하는 것은 아름답지만 그 결과까지 반드시 좋은 것만은 아니다. 도움은 상대방이 필요한 것이고, 도움을 받는 것은 내가 필요로 하는 것이다. 나와 상대방은 서로 다른 존재이기에 이 지점이 바로 친절과 방어의 경계선이 된다.

나는 단순히 응원하는 사람으로 남기 위해 조심스러운 하루를 보낸다. 상대방이 진정으로 필요로 하는 것이 무엇인지 말할 때까지 기다리는 것! 그것이 진정한 배려일 것이다.

그래서 사람과의 관계가 더욱 힘든 것인지도 모르겠다. 서로의 마음을 완벽히 이해하기란 불가능하기 때문이다. 하지만 한 가지 분명한 것이 있다. 도움을 줄 때는 상대방이 원하는 것을 주고, 도움을 받을 때는 내가 원하는 것을 받아야 한다는 것이다. 이것이 바로 진정한 소통의 시작이며, 건강한 관계를 만드는 첫걸음일 것이다.

우리는 모두 서로에게 좋은 동행자가 되기를 원하지만, 때로는 한 걸음 물러서서 기다리는 것이 더 현명할 수 있다. 그것이 바로 진정한 친절이며, 서로를 이해하는 가장 아름다운 방법일 것이다. 인생도 그런 것 같다. 도움을 주는 자는 말과 함께 떠나지만, 받아들이는 자는 모든 책임을 져야 하는 자기만의 삶의 무게가 되어버리기 때문이다.

02
피팅 증후근

새로운 변화에는

반드시 적응하는 과정이 필요하다.

3월 말이면 추위는 바람 끝이 날카로움을 잃고 상쾌함을 실어 살랑살랑 피부의 솜털을 건드리며 다가온다. 상쾌한 공기에 마음도 봄바람처럼 한결 가볍게 흥분되어 떨린다.

이제 곧 자전거 시즌이 시작되겠구나 생각하며 밖을 보니 아직은 앙상한 나뭇가지뿐이다. 새싹은 아직 보이지 않는데 마음은 이미 봄이 오는 것을 알아차린 듯하다. 문밖에서 50대 초반으로 보이는 여성분이 아직은 두꺼운 외투를 걸치고 들어오다가 눈이 마주치며 말을 건넨다.

"자전거 가르쳐 주신다고 소개받았습니다."

모처럼 오는 손님이고, 아직은 한가하게 시간을 보내는 계절이라

반갑기도 하고, 심심하던 나로서는 기쁜 봄소식처럼 찾아오신 반가운 분이다. 정 모 씨라는 분의 소개로 자전거를 배우러 왔다고 다시 한번 이야기한다. "네" 하고 답해 보지만, 사실 너무 많은 사람들이 왔다 가는 특성상 친분이 두텁지 않으면 기억하지 못한다. 모르는 사람은 아닐 텐데, 내가 기억을 못할 뿐이다. 뜨거운 믹스커피 한 잔을 내오며 테이블에서 이야기를 나눈다.

"경력은 어느 정도 되세요?"

자전거 활용 능력을 알아보기 위한 질문이다.

"1년 정도 자전거를 탔는데 매번 탈 때마다 몸이 불편하고, 남들을 따라다닐 수 없어 언제나 힘들어요."

직업병처럼 대답 속에서 여러 가지를 짐작해 본다. 첫째는 기본이 되는 자세 교정의 개념을 모르고 타면서 잘못된 자세를 유지하며 오는 불편함일 경우일 수 있고, 둘째는 누군가의 잘못된 자세 교정 및 사용 방법으로 인한 불편함일 것이다. 셋째는 남들을 따라다니지 못한다는 것으로 보아 자전거 활용에 대한 지식이 부족하다는 것을 짐작할 수 있었다.

나이는 50대 초반이고, 같이 어울리는 그룹에서 나이가 가장 어리다고 한다. 나이가 어리다면 체력적인 면에서는 어느 정도 견주어 뒤처지지 않을 것 같아 보인다. 주로 어울리는 사람은 5명으로 남자 3명, 여자 2명이라고 한다.

도움을 주기가 쉽지 않겠다는 생각이 들었다. 내가 가진 기술과 지식을 가르쳐 주고 나면, 지금까지 같이 어울렸던 일행들의 말과 활용 방법이 나와 상당한 충돌을 일으킬 것이 뻔했기 때문이다. 내가 새로운 방법과 기법, 그리고 활용법을 교정해 주어 변화가 생길지라도 그 일행들은 새롭게 변한 여성분 앞에서 지금까지 자신들이 한 말과 지식, 행동에 대한 방어를 시작할 것이 불 보듯 뻔했다.

"어떤 부분이 가장 힘드실까요?"

이렇게 질문하니 손목 저림과 어깨 통증, 허리 통증이 가장 힘들다고 한다. 피팅으로 교정하면 쉽게 해결할 수 있을 것 같았지만, 마음속으로는 그 그룹의 일원들을 파악할 필요성을 느끼며 다시 물어본다.

"일행분들은 저를 잘 알고 있는가 봅니다?"

"선생님을 잘 알고, 실력이 좋으니 도움을 청해 보라고 추천도 해 주었어요."

다행스럽다. 나와 추천해 준 그분들과의 다름을 인지하면서 보냈다는 것은 어느 정도 자신들의 부족함을 인정하였다는 것과 내 방법을 존중해 준다는 의미일 것이라고 결론지었기 때문이다. 한결 가벼운 마음으로 문제를 해결해 보자고 상담을 마치고, 며칠 후 본인 자전거를 가지고 오기로 약속을 받고 보냈다.

나에게 도움을 받으러 왔다는 것은 그동안 많은 고통을 겪고 여러 방법을 시도해 보았지만 해결되지 않았다는 의미도 포함된 것 같다. 그만큼 절박하다는 반증이기도 하다. 마음은 알겠지만 여성분의 주변을 알아보는 것이 나에게는 중요한 체크사항이 된 것 또한 사실이다.

선한 마음과 도움을 주고자 많은 고민을 하면서 나의 모든 것을 주었지만, 돌아오는 것은 결국 '장사꾼'이라는 낙인들뿐이었고, 결코 벗어나지 못하는 운명처럼, 순수한 나의 지식과 노력 그리고 열정은 지워지지 않는 상처로 남아버렸던 경험 때문이다.

왜 나의 열정과 지식과 통찰력이 나를 공격하는 무기로 돌아오는 것일까? 보수를 받아서일까? 다른 이유가 있는 것일까? 확실한 것은 인정보다는 공격의 대상이 되어 있다는 것이다.

낯선 사람들을 언제부터인가 경계하는 이상한 버릇이 생겼던 원인인 것 같다. 받아들이기 힘든 현실을 부정해 보지만, 지울 수 없는 낙인은 늘 나와 함께 동행한다. 그리고 서서히 입을 닫기 시작했다.

여성분의 부탁을 흔쾌히 승낙한 이유는 나의 성격 때문인가 보다. 아프다고 말하면 외면하지 못하는 성격! 내가 많이 아파봤기에 그 고통이 느껴져서일까?

힘들다고 말하면 그 또한 외면하지 못한다. 내가 힘든 시기를 겪어 봤기 때문이다. 그래서인지 여성분의 아픔이 내 일처럼 다가와 일말의 망설임도 없이 승낙했던 것이다.

며칠 후 자전거를 가지고 피팅을 받으러 왔다. 상태가 심각했다. 안장은 너무 높고, 자세는 엉망이며, 페달을 밟는 방법은 잘못되어 있고, 안장과 핸들바 길이는 너무 길었다. 상체는 너무 숙여진 상태라 숨 쉬는 것조차 힘들었을 것이 확실했다.

나이가 들어가면 대부분 배가 나오는 것이 정상이 되나 보다. 배가 나오면 무리하게 에어로 자세를 취하면 안 된다. 숨 쉬기 어려워지기 때문이다.

일단 호흡을 할 수 있도록 안장과 핸들바 사이의 길이를 여성분에 맞춰 조정해 주었다. 여러 번의 조정을 통해 상체 길이와 팔 길이 그리고 허리 유연성과 복부 상태를 고려하여 숨 쉬기 편하도록 맞추었다.

다음은 무릎 손상을 방지하고 효율적인 힘을 사용할 수 있도록 안장의 높이를 맞추기 시작했다. 먼저 페달을 돌리는 스타일과 선호하는 지형을 파악하고, 거기에 맞춰 여러 번에 걸쳐 조정한 다음 다시 한번 안장과 핸들바 간격을 조정하여 하체 부분을 마무리했다.

마지막으로 상체 부분을 조정했다. 핸들의 각도와 스템의 높이 등을 조정하여 손목과 어깨저림 현상을 개선했다. 1시간 이상 소요된 교정으로 전혀 다른 자세와 자전거로 변화가 이루어진 것이다. 그리고 여러 가지 주의사항과 사용법, 활용법을 설명하고 중요한 부탁을 했다.

"지금부터 자전거도 많이 변화했고, 피팅으로 자세 변화도 가져왔으니, 지금까지 사용했던 근육이나 몸에 변화가 일어날 것입니다. 이 변화는 새로운 자세에 따른 새로운 근육이 적응해 가는 현상이니 처음에는 어색할 것입니다만 1달여 동안 적응해 보시면 좋은 결과가 있을 것입니다."

대부분의 사람들처럼 만족한 모습으로 떠나갔다.

한 달쯤 지난 어느 날, 영산강 수변을 따라 자전거를 타고 가던 중 중간 지점에서 쉬고 있는데 그 여성분이 5명의 일행들과 쉼터로 들어오다 얼굴이 마주쳤다. 가볍게 인사를 나누었다. 싸늘하고 어색한 기운이 감돈다.

나는 이유를 알고 있었다. 쉼터로 들어오기 전에 자전거 타는 모습을 보고 그 여성분이라는 것을 알았기 때문이다. 신기할 정도로 자세는 옛날로 돌아갔고, 힘들게 교정해 준 자전거도 다시 처음으로 돌아가 있었으며, 상체는 엎드리듯 힘들게 타고 있었다. 마치 처음 보았던 그 모습을 어찌 저리 똑같이 찾아갔는지 신기한 능력이구나 생각했던 것이다. 나는 인사를 건넸다.

"안녕하세요."

자전거 타기는 어떠냐고 묻지 않았다. 물어볼 필요가 없었기 때문이다. 편해졌는지도 묻지 않았다. 불편할 게 뻔했기 때문이다. 잘 지내느냐고도 묻지 않았다. 힘들게 타고 다니는 게 확실했으니 물어볼 필요가 없었다. 그리고 말을 아꼈다. 지금 저 여성분은 나를 적으로 생각하고 있을 것이다. 많은 사람들이 그래왔던 것처럼 말이다.

여성분은 다른 일행들과 오늘의 행선지와 방법을 이야기하며 자연스러운 행동을 하고 있지만, 불편한 시선을 억지로 피하는 것처럼 보인다. 나 또한 내색하지 않고 있다가 일행들이 출발하자는 소리에 제일 먼저 자전거를 움켜쥐고 출발 준비를 했다. 피하고 싶은 마음은 내가 더 많았던 모양이다.

이렇게 또 한 사람과의 어색함이 시작된 것이다. 누구의 잘못이라고 생각하지 않는다. 잘잘못을 따지고 싶지도 않다. 그냥 없었던 일처럼 생각하고 돌아서면 그뿐인 것이다.

출발 소리와 함께 우리의 갈 길을 향해 떠났지만, 마음은 좋지 않다. '괜찮아! 잘못한 게 없지 않느냐?'라고 스스로 위로해 보지만 속상한 마음은 쉬이 진정되지 않는다. 자전거 주행 중에 나의 내면과 수없는 대화를 나눈다.

'예상하고 있지 않았나?'

'그렇지만 막상 대면하니 속상하고 기분이 나쁜데.'

'많은 사람들에게 반복적으로 그런 경우을 경험해 놓고 오늘따라 더 심하네. 아직 더 성숙해야 되나?'

'마음이라는 것은 언제나 아프네. 단지 표정을 속이는 연습만 되었을 뿐이지 아픈 것은 항상 같아.'

'이런 경우를 어느 정도 짐작하고 시작한 것인데도 힘드니?'

'알고 있었어도 언제나처럼 저 사람은 그렇지 않겠지 하는 기대를 했었기 때문에 아픈 것 같아.'

'그러니까 마음으로 움직이지 말라고 했지? 그저 손님으로 생각하고 행동하라니까 마음으로 대한 거니?'

'그게 잘 안 되네. 상대가 아프다고 하면 내 일처럼 내가 더 아파져서 거절할 수가 없어!'

'다음에도 비슷한 상황이 닥치면 똑같은 행동을 하겠네?'

'아마 그럴 것 같아. 차라리 내가 아픈 것은 참을 수 있어도 상대방이 아프거나 절박하다면 난 같은 행동을 할 것 같아.'

'좋아, 그러면 이렇게 하자. 피팅 증후군을 강조하고 그 결과를 그들이 받아들이도록 교정 전에 강하게 설명해 주는 게 어때?'

'그러면 내 마음이 덜 아플 것 같은데?'

'좋은 생각 같아. 그래, 맞는 말 같다. 앞으로 그렇게 하는 게 좋겠다.'

이런 결과를 얻고 난 후부터 '피팅 증후군[8]이란 말을 만들어 사용하게 되었다.

피팅 증후군은 누구에게나 적용되는 문제이다. 자세가 바뀌면 그 자세에 맞는 근육과 관절의 회전 운동이 일어난다. 이런 새로운 변화는 안정된 동작을 만들기 위해 시간과 노력이 필요하게 되며, 새롭게 사용되는 근육은 쉬이 지치고 낯설기 마련이고, 적응하는 데 시간이 많이 필요하다.

이런 낯선 동작에 근육은 빠르게 지쳐간다. 이런 고통과 낯설음으로 며칠 전보다 기량이 떨어져 있음이 당연하다. 그렇지만 자전거를 타는 입장에서 조급한 마음으로 '잘하고 있나?' 하는 고민을 하는 순간에 주변에서 "잘못된 것 같은데 안장과 자세를 조금 바꿔줄게요." 하며 교정해 준다. 순간 엄청 편해진 느낌이 들 것이다. '이게 정답이었어!'라고 생각하는 순간 모든 것이 망가져 버린다.

---

8   자전거 피팅을 실시하고 난 후에 발생하는 신체적, 기술적, 기계적 변화에 새롭게 몸이 적응해 가는 과정과 시간을 말한다.

"이때 잘 기억하십시오. 장시간 올바른 방법으로 주행하면 누구나 거기에 사용된 근육은 피로감을 느낍니다. 자세도 물론 지쳐갑니다. 피로가 쌓여갈 무렵 다른 자세를 취하자 순간 편안해지는 느낌을 받겠지만, 그것은 순간입니다. 사용하지 않았던 새로운 근육과 자세를 취함으로 순간적인 편안함이지 올바른 방법이 아니라는 것입니다."

말은 내가 하고 받아들이는 것은 상대방의 귀다. 언제나 문제는 여기서 발생한다. 의심은 불신을 낳고, 불신은 거짓말처럼 들리고, 결국 경계나 미움의 대상으로 만들어 왔던 것이다. 그 순간부터 나의 모든 지식은 의미가 상실되어 존재 가치가 사라진 상태가 되었다. 끝난 것이다. 모든 게…

이제부터 바보가 되어버리자. 아는 것도 없고 알고 싶지도 않은 그저 방관자가 되는 게 좋겠다고 결심하고 숨어버리겠다. 그저 나에게 충실하게 살자고 다짐해 본다. 오늘도 새로운 자전거로 인생 하나를 배워간다. 피팅 증후군을…

새로운 환경에 접근할 때마다 생각도, 행동도 새롭게 적응해야 한다. 겉으로는 같아 보여도 모든 것이 달라져 있음을 받아들이는 것이 옳다. 자전거도 새로운 피팅 후에는 근육이 새롭게 적응하는 시간이 필요하고, 활용하는 방법도 새롭게 익혀가는 시간이 필요하다.

새로운 것을 받아들이고 몸에 익히는 과정에서 흔들리지 말아야 한다. 믿음을 가지고 꾸준히 노력할 때 비로소 그것이 진정 내 것이 되는 법이다.

삶도 마찬가지다. 새로운 환경이 찾아오거나 새로운 환경으로 들어갈 때, 과거의 사고방식이나 행동은 오히려 나에게 걸림돌이 될 수 있다. 변화하자고 다짐해 놓고 지나간 과거를 붙들며 괴로워한다면 그것이 무슨 의미가 있을까? 나의 과거가 미래의 나에게 고통이 되어서는 안 된다.

과거를 인정하지 못하면 옛날의 내 모습에서 벗어나지 못하지만, 인정하는 순간 미래의 나와 온전히 만나게 된다. 새로운 변화에는 반드시 적응하는 과정이 필요하다. 그 변화를 인정하자! 이것이 바로 성장의 시작이며, 새로운 나를 만나는 첫걸음이다. 피팅 증후근처럼!

03
목표보다 중요한 것은 과정이다

스포츠 지도자는 자전거를 운동기구라 표현하고
환경운동가는 자전거를 환경을 지키는 도구라고 표현하고
여행자들은 자전거를 여행용으로 설명하며
나는 자전거를 도로 교통의 일부라고 설명한다.

이루고 싶은 욕구가 생기는 순간부터 삶의 목표가 형성된다. 모든 사람들은 저마다의 계획을 가지고 있다. 그 크기가 크거나 작든 상관없다. 중요한 것은 목표가 사람을 움직이게 만들고, 삶의 방향을 정해주며, 어려운 상황을 극복하게 만드는 원동력이 된다는 점이다.

누군가 나에게 목표가 무엇이냐고 묻는다면, 나는 주저 없이 말할 것이다. 목표는 나를 지켜주고, 살아갈 힘을 주는 삶의 원동력이라고 표현할 것이다. 나뿐만 아니라, 다른 사람들에게도 목표는 같은 의미를 가질 것이다. 때로는 어떤 이들에게 목표가 인생의 전부일 수도 있다. 목표는 우리를 살아가게 만드는 생명수와도 같고, 변화를 만들어 내는 출발점이 되기 때문이다.

자전거도 마찬가지다. 처음 자전거를 배우는 사람들은 중심을 잡고, 스스로 페달을 밟아 원하는 곳까지 가보는 것을 목표로 삼는다. 하지만 입문하는 그 순간이 되면 단순한 도전이 아니라, 두려움을 극복해야 하는 과정이 된다. 초보자들이 끊임없이 연습하고 두려움을 이겨낼 수 있는 힘도 바로 목표에서 비롯된다. 그리고 마침내 중심을 잡고 자전거를 타는 데 성공한 순간, 그들은 환하게 웃는다. 첫 번째 목표가 달성되자마자, 더 큰 목표가 자연스럽게 생긴다.

"내일은 멈추지 않고 원하는 곳까지 가보자!"

이렇게 목표는 끊임없이 변화하고 발전한다. 목표가 더 커져 가면서 행동도 적극적으로 변해 가는 현상이다. 모든 라이더들은 매일 새로운 목표를 세우며, 그 과정에서 성취감을 느낀다. 더 먼 거리, 새로운 장소, 낯선 길과 산, 들판이 매 순간을 새롭게 만든다. 그리고 중요한 것은 목표를 이루는 과정 속에서 얻는 경험과 성장이다. 자전거는 오로지 자력으로 이뤄내는 몸과 마음의 성과이기 때문이다.

스스로 극복한 성취감은 자신감을 높이고, 작은 성공들이 쌓여 미래의 중요한 결정에도 영향을 미친다. 목표는 늘 변화하지만, 그 과정에서 배우고 느끼는 것들은 우리의 삶을 더욱 단단하게 만들어 준다.

처음에는 두려웠던 목표도 달성하고 나면, 그것이 아주 하찮게 느껴지기도 한다. 그래서 우리는 다시 새로운 목표를 세우고 나아간다.

"더 멀리, 더 빠르게!"

하지만 여기서 중요한 것은, 목표 그 자체보다 그것을 이루기 위한 과정이 더 가치 있다는 사실이다. 목표를 이루는 데만 집중하면 과정에서의 배움을 놓칠 수 있다. 과정에 집중하면, 목표를 이루는 것은 자연스러운 결과가 된다.

자전거 교육도 마찬가지다. 나는 교육을 할 때, 피교육생들에게 과도하게 개입하지 않는다. 답답한 마음에 손을 잡아주고 싶고, 출발이 힘들어 보이면 밀어주고 싶지만, 그것이 오히려 그들의 성장 기회를 빼앗을 수 있기 때문이다.

낯설음이 익숙함으로 변하고, 두려움이 편안함으로 변화되어 가는 과정을 자력으로 해결할 수 있도록 기다려 주는 것이 중요하다고 생각한다. 발전 속도가 느리더라도, 스스로 해결하는 법을 배울 때 성취감은 더욱 커진다는 것을 잘 알고 있기 때문이다.

또한, 목표를 이루기 위해서는 올바른 방향이 중요하다. 아무리 열정이 있어도 방향이 틀리면 원하는 결과를 얻기 어렵다. 그렇기 때문에 나는 피교육생들이 자연스럽게 과정의 중요성을 깨닫고, 스스로 길을 찾아갈 수 있도록 돕는다. 목표보다 과정이 더 중요한 이유가 바로 여기에 있다. 과정 속에서 흥미와 자신감을 잃지 않도록 돕는 것이 나의 역할이다.

특히 성인을 가르칠 때는 더욱 신중해야 한다. 성인은 이미 자신만의 신념과 가치관을 가지고 있기 때문이다. 자존심이 상하거나 오해를 하게 되면 방어적인 태도를 보일 수도 있다.

그래서 나는 그들의 목표를 바꾸려 하지 않고, 그 목표를 향해 가는 더 나은 방법을 찾도록 돕는다. 목표를 이루는 과정이 즐겁고 의미 있는 시간이 되도록 만드는 것이 진정한 조력자의 역할이라고 생각한다.

우리는 모두 각자의 목표를 향해 나아간다. 서울로 가는 방법이 수없이 많듯이, 인생에서도 목표를 향해 가는 길은 사람마다 다를 수 있다. 어떤 길을 선택할지는 본인의 몫이지만, 좋은 조력자를 만난다면 더 안전하고 효율적인 방법을 찾을 수 있다.

자전거를 배우는 과정에서도, 삶을 살아가는 과정에서도 올바른 조력자가 필요하다. 단순히 결과만을 바라보는 것이 아니라, 그 과정에서 무엇을 배우고 어떻게 성장하는지가 더욱 중요하다.

스포츠 지도자는 자전거를 운동기구라 표현하고, 환경운동가는 자전거를 환경을 지키는 도구로 설명하며, 여행자들은 자전거를 여행용으로 이야기한다. 그리고 나는 자전거를 도로 교통의 일부로 설명한다.

이러한 다양한 시각은 자전거가 각 지도자에게 어떤 역할을 하는지를 잘 보여준다. 이처럼 자전거를 바라보는 관점은 각 지도자가 어디로 이끄는지를 결정짓는 중요한 요소가 된다. 지도자가 선택한 방향은 교육생들에게 큰 영향을 미치며, 그들의 경험과 성장에 직접적인 영향을 준다.

우리 사회에도 보이지 않는 조력자들이 많다. 이들은 각자의 자리에서 다른 이들을 돕고 지원하며, 그들이 올바른 방향으로 나아갈 수 있도록 이끌어 준다. 그러므로 어떤 지도자를 만나고, 그들이 올바른 역할을 수행할 수 있도록 과정의 가치를 인정하고 지켜보는 것이 매우 중요하다.

목표를 향해 가는 길에서 가장 중요한 것은 결국 그 길을 어떻게 걸어가는가 하는 것이다. 우리는 결과를 바라보지만, 그 과정에서 얻는 경험과 배움이 더욱 소중하다. 조력자는 그 과정의 가치를 함께 나누고, 지속적인 성장을 이끌어 내는 역할을 한다. 그러니 우리 모두 과정의 가치를 잊지 말고, 천천히 그러나 꾸준히 나아가자. 그 길 끝에는 반드시 우리가 원하는 곳이 있을 테니까.

본인의 의지만 있으면 목적지에 도착하지만, 기나긴 인생의 여정에서 조력자를 만나는 것은 여러분의 통찰력이 필요한 부분이다.

04
나만의 기어비를 찾아라!

인생은 단거리 경기가 아니라
멀고도 외로운 나만의 장거리 여행이다.

자전거 뒷바퀴 우측에 장착된 톱니바퀴 모양의 여러 장 묶음을 기어라고 한다. 이 작은 톱니들이 모여 만들어 내는 조화는 자전거를 더욱 쉽고 편하게 탈 수 있도록 도와준다. 기어를 적절히 활용하면 가파른 오르막도 힘들이지 않고 오를 수 있고, 먼 거리도 지치지 않고 주행할 수 있어 좋다. 개인적으로 내 자신을 돌아볼 수 있고, 복잡한 마음을 정리할 수 있는 시간을 가질 수 있어 좋다.

하지만 단순히 힘만 믿고 자전거를 탄다면, 결국 지치고 만다. 언덕을 오를 때마다 숨이 턱 끝까지 차오르고, 맞바람이 불 때는 한 발 한 발이 고통의 연속이 된다. 사람들은 흔히 말한다.

"체력을 키우면 다 해결돼."

그래서 나도 이를 믿고 이를 악물고 페달을 밟아봤다. 하지만 기대했던 '편안한 주행'은커녕, 숨이 가빠지고 다리는 더 빨리 지쳐갔다. 체력과 열정만으로 해결되지 않는 것이 있다는 것을 그제야 깨닫게 되었다. 숨을 몰아쉬며 길가에 주저앉은 어느 날, 문득 이런 생각이 들었다.

'자전거 기어는 과연 빠르게 달리기 위해서만 존재하는 걸까? 아니면 더 중요한 무언가가 숨겨져 있는 걸까?'

처음 자전거를 탈 때, 나는 그저 있는 힘껏 페달을 밟기만 하면 되는 줄 알았다. 하지만 점점 더 멀리, 더 오래 달리다 보니 기어를 적절히 조절하는 것이야말로 중요한 요소라는 것을 알게 되었다. 단순히 빠르게 달리는 것이 아니라 지치지 않고 꾸준히 달리는 것이 중요했다. 이 깨달음을 얻은 후, 나는 기어의 본질에 대해 고민하기 시작했다.

'자동차에도 기어가 있네?'

이 자동차 기어의 기능은 출발과 가속과 고속의 기능을 가지고 있었다. 자전거 기어도 기능을 가지고 있었다. 자전거의 기어는 단순히 오르막을 쉽게 오르기 위해 있는 것이 아니었고, 체력을 효율적으로 분배하고, 페달 회전수를 일정하게 유지하도록 도와주는 도구였다.

매일 같은 길을 달려도 내 몸 상태와 바람, 기온, 심지어 입고 있는 옷에 따라 다르고, 그날 그날 변화하는 몸 상태에 따라 다르며, 바람의 방향에 따라 변화하였다. 이런 변화 속에서 나에게 맞는 기어비를 찾는 것이야말로, 지치지 않고 달리는 비결이었다. 하지만 어디에서도 지형적 변화, 환경적 변화, 신체적 변화 등 '모든 조건에 맞춘 기어 선택법'을 설명해 주는 곳이 없었다.

'없으면 만들자!'라는 생각으로 자료를 정리하고 조작해 보고 연습하고 수많은 시행착오 끝에 나는 드디어 나만의 기어비를 만들어 냈다. '나만의 기어비'란, 단순히 힘을 덜 들이는 것이 아니라 에너지를 가장 효율적으로 사용하여 지치지 않고 끝없이 달릴 수 있도록 돕는 방법이다.

대상은 모든 자전거 운전자이며, 자신에 맞는 '나만의 기어비'를 찾을 수 있도록 만들었다. 이 기어비를 활용하면, 허벅지가 지치기 전에 에너지가 회복되었고, 페달을 계속 밟아도 지치지 않았다. 그렇게 나는 지치지 않는 라이딩이라는 새로운 세계를 정립하게 되었다.

나는 이 개념을 주변에 공유했고, 사용해 본 사람들은 하나같이 감탄했다. 누군가는 "이제야 제대로 자전거를 타는 법을 알게 됐다"고 했고, 또 다른 누군가는 "왜 진작 이걸 몰랐을까?"라며 아쉬워했다. 비록 전 국민이 아는 것은 아니지만, 적어도 나와 내 주변 사람들은 더 행복한 라이딩을 할 수 있게 되었다는 사실에 가슴이 벅찼다.

나는 이 개발을 통해 깨달은 게 있다. '나만의 기어비'는 결국 내 몸 상태를 파악하고 아끼며 타야 된다는 것을 말이다. 허벅지가 지치면 멀리 갈 수 없듯이, 마음이 지치면 인생도 멀리 나아갈 수 없다. 사람들은 가끔 너무 힘을 주어 페달을 밟는다.

하지만 그 힘이 쌓이고 쌓이면 결국 지쳐버리고 만다. 중요한 것은 끝까지 갈 수 있는 페이스를 유지하는 것이다. 기어를 적절히 조절하면 언덕도 넘을 수 있고, 거센 맞바람 속에서도 앞으로 나아갈 수 있다.

인생도 마찬가지다. 누군가의 조언보다는 자신을 살피면서 자신만의 기어비를 찾아 꾸준히 나아가야 한다는 것이다. 그리고 자신에게 맞는 인생 속도와 방법으로 달리는 것이다. 나는 자전거를 통해 인생을 하나 더 배웠다. 누군가는 음악에서, 누군가는 예술에서, 또 다른 누군가는 여행에서 삶을 배울 것이다. 그들은 각자 자신만의 기어비를 찾았을 것이다. 그래서 지치지 않고 끝까지 나아가는 중이다.

인생은 단거리 경주가 아니다. 외롭고도 긴, 나만의 여행이다. 그러니 자기에게 맞는 기어비를 찾아 힘들이지 않고 천천히, 하지만 꾸준히 나아가자. 그 길 끝에는 반드시 원하는 곳에 도착해 있을 테니까. 욕심과 긴장은 나를 지치게 만들고, 나만의 기어비는 나의 길고 긴 삶을 지치지 않는 행복한 여행으로 만들어 줄 것이다.

저자 후기

　누구나 자기만의 색안경을 쓰고 살아간다. 자신만의 환경 속에서 살아가다 보니 세상을 보는 눈이 제각각 달라졌던 것이다. 나는 자전거라는 색안경으로 세상을 보며 살았고, 앞으로도 자전거로 세상을 볼 것이다. 이 이치를 이해하는 데 자전거라는 물건이 나에게 많은 영향을 준 것이 확실하다.
　생명이 없는 물건으로 세상을 보는 눈을 갖는다는 것은 나 자신이 생각해도 웃기지 않을 수 없지만, 이것이 나의 현실이고 내 삶이다. 단순한 내용을 이해하고 난 뒤부터는 평가하기보다 '저 사람은 무슨 색안경으로 세상을 바라보고 있어서 저런 행동을 할까?' 하는 궁금증이 생겼다. 즉, 부정이 아닌 긍정의 눈으로 사람들을 보게 되는 시선의 전환이었다.
　그리고 평가가 아닌, 그 사람의 살아온 환경과 과정을 보고 싶어 했고, 앞으로 어떤 삶을 살 것 같은가를 짐작해 보며 그 삶 자체를 인정하려 노력했다. 저 색안경은 나와 다르니 그 색안경을 존중해 주는 것이 옳다는 것을 알게 되었다. 그 결과 나의 마음이 편안해지고 여유로워졌다. 다름을 인정한 것뿐인데 그런 결과를 얻은 것이다.

나에게 큰 변화는 몇 번 있었다. 잡곡 장사에서 자전거 대리점으로의 변화는 목표 없는 시기에서 미래를 설계한 첫 번째 혁명이었고, 자전거 대리점에서 자전거 교육으로의 변화는 신념의 변화 때문에 발생한 결과다.

변화 속에서도 당당하게 말할 수 있는 것은 남들에게 피해를 주지 않는 길을 선택하며 살아왔다는 점이다. 타인에게 도움을 주려는 노력은 나 자신을 성숙시키는 데 큰 역할을 했다. 가족들에게도 부끄럽지 않은 순수한 땀을 보여주었고, 노력하는 모습을 평상시에 보여주었기 때문이다.

자전거 교육에서 대부분은 지식이나 기능을 연상하지만, 나는 상대방의 마음을 읽으려 노력했다. 자전거의 중심을 잡고 타기까지 진행되는 과정에서 사람마다 보이는 행동이 달랐기 때문이다. 그들의 성향을 확인해 보니 대부분 두려움과 낯섦, 희망이 뒤섞인 혼란스러운 상태였다.

스스로 헤쳐 나갈 수 있도록 지원하고, 정신적 무장을 할 수 있게 응원해 주는 것이 기능교육이나 기술교육보다 중요함을 깨달았다. 자전거와 친해지고, 두려움과 어색함을 극복하며, 자존심의 문제도 이겨낼 수 있도록 돕는 것이 중요했다.

   빠르게 타기보다는 즐겁게, 멀리 가기보다는 주변을 자세히 경험하며 재미있게 오래 타기를 바라며, 나만의 색안경으로 보는 세상에 여러분을 초대한다.

2025년 4월

저자 **김판우**